きょうから始めるおいしい手づくり

まいにち お漬けもの

こてらみや

お漬けものは一番かんたんに作れる家庭料理です

子どもの頃から、母が作るお漬けものが食卓に並んでいたからか、市販品のお漬けものの強い味が苦手で、いつしか自分で作るようになりました。もちろん、伝統的な製法で作られる、すぐき漬けや奈良漬けなどは買うものと決めて、うちで漬けるのは、手軽に作れるものばかりです。お漬けものにすると生のままより食感がよく、サラダ感覚で食べられるのもうれしいところ。なんといっても、野菜に調味料をもみ込めば、煮炊きせずとも、時間がおいしく調理してくれるのですから、これほどかんたんで楽ちんに作れる家庭料理はありません。しかもお漬けものにしておくと、みずみずしさを保ちながら日毎にうまみが増し、乳酸発酵が進んだお漬けものを食べると腸内環境も整うしと、いいことずくめなのです。

お漬けものは野菜の使い切りレシピです

わが家の冷蔵庫には、いつも数種類のお漬けものが入っています。職業柄、中途半端な量の野菜が余りがちなのですが、そのまま放っておいて味が落ちるのであれば、新鮮なうちにお漬けものにしておくほうがおいしくいただけるからです。また、キャベツや白菜などは、新鮮なものを１株買って、食べ切れない分はお漬けものにします。漬け始めのフレッシュな味わいから、発酵が進んで酸味が出るまでの味の変化を楽しみたいのと、「下ごしらえが済んだ野菜」として、料理にも使えるから。調理の手間がかからずとても便利で、お肉や卵など、タンパク質の食材と組み合わせてアレンジすれば、食べ飽きるどころか、また漬けておこう！と思うほどです。

基本の調味料を使って自分好みの味に

わたしが作るお漬けものは、塩やしょうゆ、みそなど、家庭で使う基本的な調味料でできるものがほとんどです。自家製のいいところは、自分の目と舌で選んだ野菜と調味料で作るので好みの味にできること。そして添加物を使わないから、安心安全です。かんたんに手に入る、食べ切りサイズの市販品は便利かもしれませんが、うまみや保存料が添加されているものも多く、野菜そのものの味が薄れ、食べ終わったあとに嫌な味が舌に残るのは、わたしだけではないと思います。

一度、塩漬けのようなシンプルなお漬けものを作ってみてください。野菜そのものの味が生きたみずみずしい味わいで、市販品には戻れなくなりますよ。

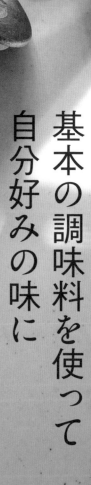

お漬けものがあると日々の食卓が豊かに

お漬けものは、「もう一品欲しい！」という時の救世主。れっきとした野菜料理ですから、炭水化物に偏りがちな献立の時にもってこいです。ハムエッグとおみそ汁の一汁一菜も、みずみずしいお漬けものが加わることで、満足感がグッと上がります。乳酸発酵した塩漬けやぬか漬けは、野菜を生で食べるよりもうまみが増し、栄養価も上がるといわれているからでしょうか、サラダでは得られない満足感があります。忙しい時でも、お漬けものがあれば、ごはんを炊いてそれで大満足！　なわたしです。こんなに大好きなお漬けものに唯一欠点があるとすれば、お漬けものがおいしくてごはんを食べすぎてしまうこと！　かもしれませんね。

目次

2章　きょうから ぬか漬け

3章　洋のピクルス アジアのお漬けもの

ピクルス

韓国のお漬けもの

中国のお漬けもの

［漬けもの作りの前に知っておきたいこと］

お漬けものは、加熱せずに作るものがほとんどです。清潔な台所で、清潔な調理道具を使うことは当たり前のこととして、ほかにもいくつか知っておいてほしいことがあります。大切なことなので、作り始める前にぜひ目を通しておいてください。

雑菌やカビを寄せつけない

漬けものの一番の大敵が、腐敗のもととなる雑菌やカビです。保存容器は水分や油分が残っていない清潔なものを使います。特に梅雨時など高温多湿の時季は、雑菌が繁殖しやすいので気をつけましょう。

容器のアルコール消毒

漬けものに使う保存容器は、あらかじめアルコール度数の高い（35度以上）ホワイトリカーや食品用アルコールで消毒しておくと安心です。キッチンペーパーにアルコールを含ませ、容器の内側だけでなく、蓋やパッキンも拭いて消毒します。

保存の仕方

漬け汁がある漬けものを容器で保存する場合は、具材が空気に触れないようにラップで落とし蓋をして漬け汁に完全に浸った状態にし、さらに容器の蓋をして冷蔵庫に入れます。漬け汁がないものにはラップの落とし蓋は必要ありません。ポリ袋で保存する場合は、袋内の空気を抜くようにして口を縛り、バットなどにのせて冷蔵庫へ。

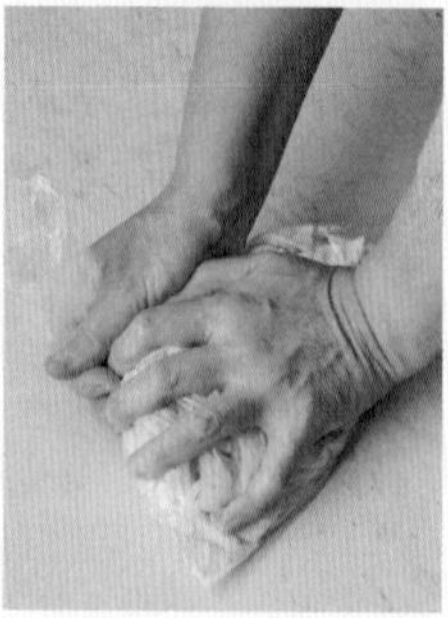

［わたしが使っている調味料］

調味料は、なめたり飲んだりと、そのまま口にしてもおいしいと思えるものを選んでいます。添加物を使わずに手間ひまかけて作られたものは、少し値段が張るかもしれませんが、料理の仕上がりをひと味もふた味もよくしてくれます。自分の舌で味見をして、おいしいと納得できるものを使いましょう。

塩

ミネラル分が豊富な自然塩を使っています。漬けもの作りには粒子の粗い「粗塩」を、料理の味付けには粒子の細かい「焼き塩」を使っています。

砂糖

さとうきびを原料とする精製度が低めのコクのある粗糖を使っています。ただし、色を白く仕上げたい場合（かぶや大根の漬けものなど）は、白砂糖やグラニュー糖を使います。

しょうゆ

レシピに「しょうゆ」と記したものは、濃口しょうゆを指します。淡い色あいに仕上げたいものには、薄口しょうゆを使います。

みそ

自家製の米みそを使っています。米こうじの割合を多めにして仕込んであり、ほんのり甘めです。

酢

基本的には、まろやかでうまみのある「千鳥酢」（米酢）を使っていますが、ピクルスなど、すっきりと仕上げたいものには、穀物酢や白ワインビネガーを使うこともあります。

日本酒

レシピに「酒」と記したものは、純米酒を使っています。アルコール分が気になる場合は煮切って使います。

みりん

みりん風調味料ではなく、コクとうまみがある本みりんの「三河みりん」を使っています。アルコール分が気になる場合は煮切って使います。

油

レシピに「油」と記したものは、米油を使用しています。オリーブオイルはエクストラヴァージンオリーブオイルを、ごま油は深煎りでコクがある、濃い色のものを使っています。

こしょう

基本的にはピクルスには粒黒こしょう、料理には、ひきたての黒こしょうを使っています。

［本書のルール］

◎ 1カップ＝200㎖、1合＝180㎖、大さじ1＝15㎖、小さじ1＝5㎖をすり切りで計量しています。

◎ にんにくや玉ねぎなど、一部の野菜の薄皮をむく説明は省いています。

◎ 野菜の分量は、塩の分量を算出しやすいように個数や本数に正味量を併記しています。

◎ レシピに記してある漬け時間は、漬けものが食べられる状態になる最短の目安です。

◎ 常温は温度がある程度一定の室温で、23℃が目安です。

◎ 賞味期間は味や食感など、その漬けものをおいしく食べられる期間の目安。野菜の状態や作った環境によって変わってくるので、賞味期間内でも味がおかしいと感じたら、廃棄してください。

◎ この本のレシピの分量は、わたしがふだんから使っている調味料でわたし好みの味になるように計量しています。季節、野菜の水分量、使用する調味料、調理道具の違いで味は変わってきます。まずは一度、レシピ通りに作ってみて、足りないものがあれば足し、多いものは減らすなど、自分の舌を信じてさじ加減をしてみてください。次第に「自分の味」ができてくることと思います。

塩と基本調味料でかんたん漬け

1章

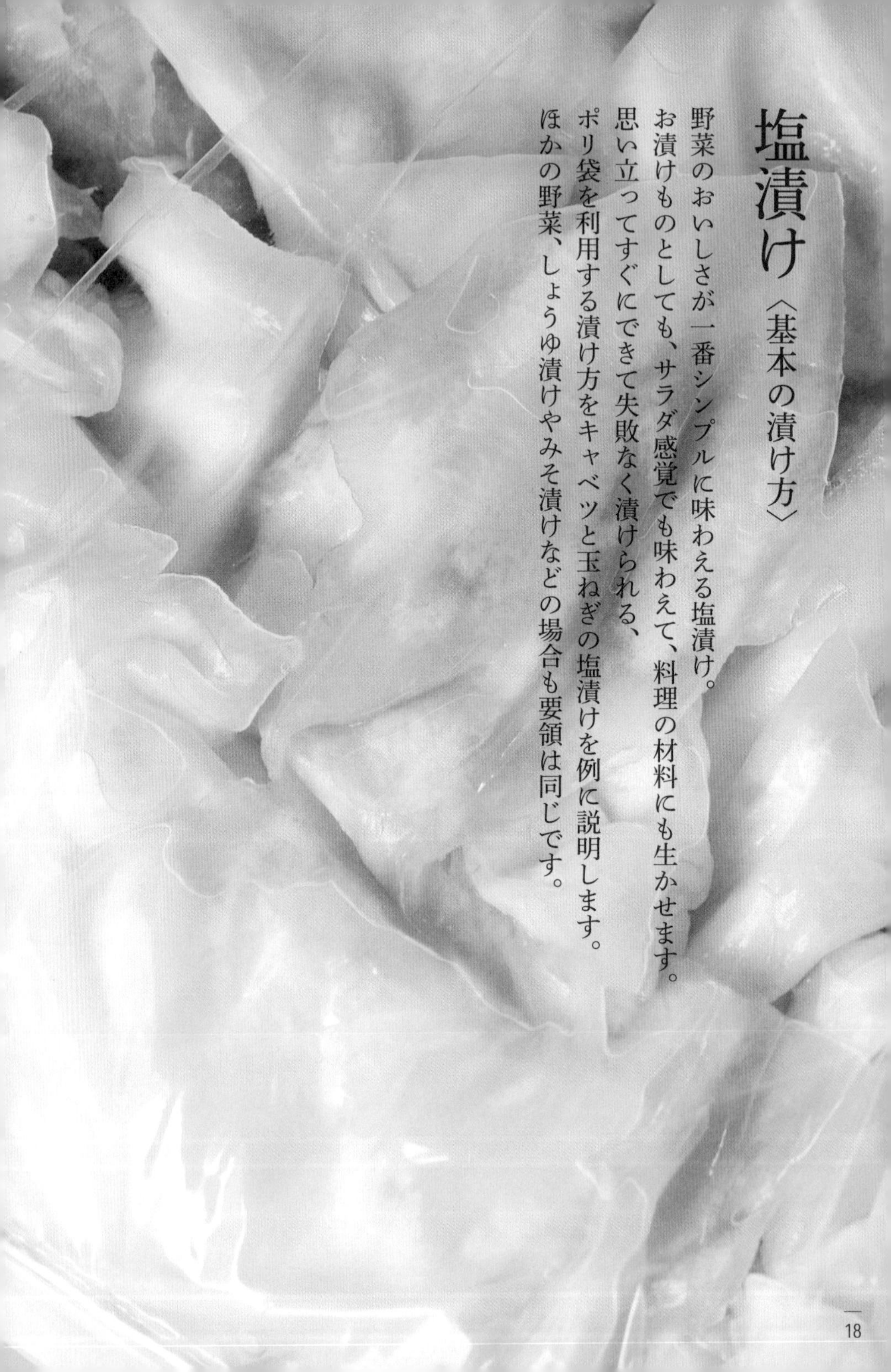

塩漬け〈基本の漬け方〉

野菜のおいしさが一番シンプルに味わえる塩漬け。
お漬けものとしても、サラダ感覚でも味わえて、料理の材料にも生かせます。
思い立ってすぐにできて失敗なく漬けられる、
ポリ袋を利用する漬け方をキャベツと玉ねぎの塩漬けを例に説明します。
ほかの野菜、しょうゆ漬けやみそ漬けなどの場合も要領は同じです。

漬け方

1

野菜は正味量をはかる。重さから塩の量を算出するので正確な計量が大切。

2

水で洗ってざるにあげ、好みの大きさに切り、野菜の2％の塩を加える。

3

混ぜて塩を全体にまわす。5分ほどおいてしんなりしたら、野菜の上下を返して塩をむらなくなじませる。

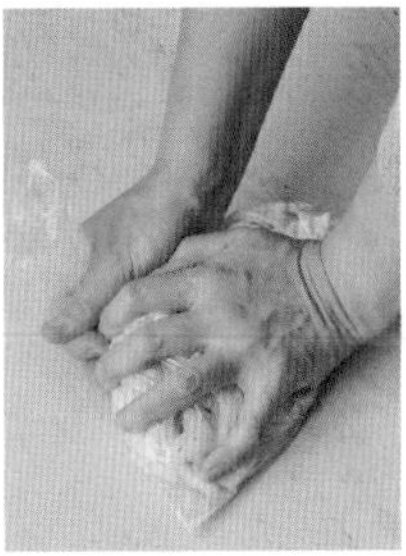

4

野菜から出た水分ごとポリ袋に入れ、ぎゅっと押してさらに塩をなじませる。

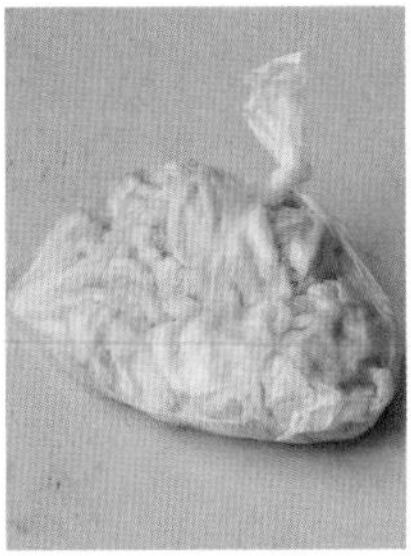

5

できるだけ空気を抜くようにして袋の口を閉じる。

6

野菜の厚みを平らにならしてバットではさみ、重石（水を入れたボウルやペットボトル）をのせて常温に置く。途中で様子をみて、軽くもんだり上下を返したりする。

○ 重石の重さは野菜の2～3倍が目安。下のバットは汁もれ予防。

7

野菜がしんなりして袋に漬け汁がたまり、野菜に透明感が出てきて食べて塩味を感じたら漬け上がり。重石を取り、冷蔵庫で保存する。

○ 漬け上がり後、5日くらいまでが浅漬け。以降、乳酸発酵が始まってうまみと酸味が出て古漬けになっていく。

塩玉キャベツ

キャベツのみずみずしさと甘みに、玉ねぎの風味が加わったサラダ感覚の浅漬けです。そのままで食べるのはもちろん、いろいろなお料理にアレンジできるから、たっぷり仕込んでおきましょう。

材料

キャベツ … 1/2個(500g)
玉ねぎ … 1/4個(50g)
塩 … 野菜の合計正味量の2%(11g)

ⓐ

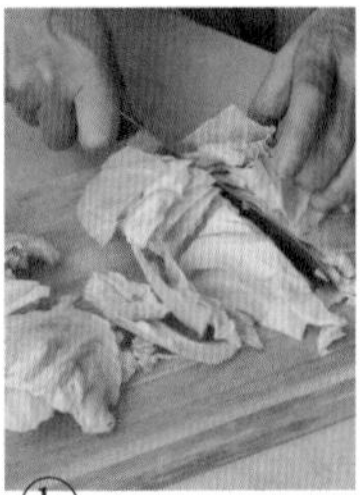
ⓑ

ⓒ

漬け方

1 キャベツは芯を切り落とす。太い葉脈は切り取って斜め薄切りにしⓐ、葉はざく切りにするⓑ。玉ねぎは縦薄切りにするⓒ。合わせて水洗いしてざるにあげる。

2 ボウルに1と塩を入れ、混ぜて塩を全体にまわす。5分ほどおいてしんなりしたら、野菜の上下を返して塩をむらなくなじませる。

3 ポリ袋に入れ、空気を抜くようにして口を閉じる。

4 重石をのせ、水分が出るまで常温で1〜2時間漬ける。その後は重石を取って冷蔵庫へ。食べる時に軽く汁気を絞る。

賞味期間

漬け上がり後、5日くらいまでが浅漬け。以降、乳酸発酵が始まってうまみと酸味が出て古漬けになっていく。1か月を目安に食べ切る。

◎ 塩玉キャベツで作る料理→p.26

ちぎった青じそをのせてオリーブオイルを回しかけても。サラダ代わりにどうぞ。

かんたん白菜漬け

ざくざく刻んでポリ袋で漬けるから、塩なじみがよく早く漬かります。漬けたてのみずみずしい浅漬けのおいしさはもちろんのこと、じっくりねかせて乳酸発酵させた古漬けは自家製ならではのおいしさです。

Point 切手昆布

昆布はあっさり味のお漬けものにうまみをプラスしてくれる大切な材料。切手くらいの大きさ(2〜3㎝四方)に切っておくとささっと使えて便利。

材料

白菜 … $\frac{1}{4}$株(600g)
塩 … 白菜の正味量の2%(12g)
昆布(2〜3㎝四方) … 4〜5枚
赤唐辛子(半分にちぎって種を取る) … 1本分

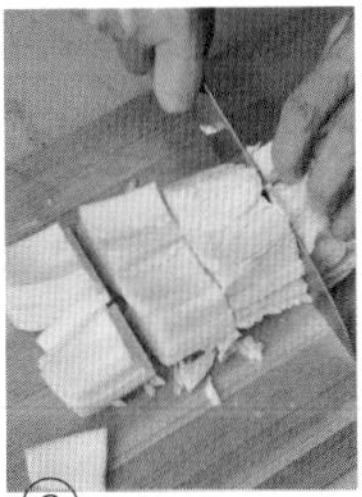

ⓐ

漬け方

1 白菜は芯を切り落とし、4〜5㎝角に切るⓐ。水洗いしてざるにあげる。

ⓑ

2 ボウルに**1**、塩、昆布、赤唐辛子を入れⓑ、混ぜて塩を全体にまわすⓒ。5分ほどおいてしんなりしたら、野菜の上下を返して塩をむらなくなじませる。

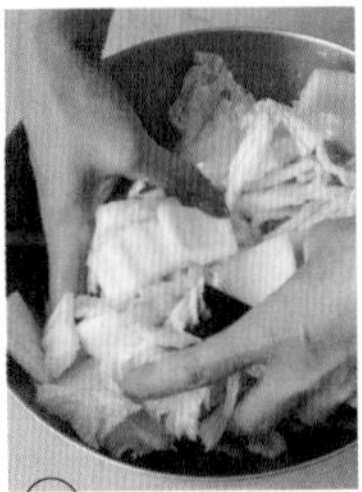

ⓒ

3 ポリ袋に入れ、空気を抜くようにして口を閉じる。

4 重石をのせ、水分が出るまで常温で1日漬ける。その後は重石を取って冷蔵庫へ。食べる時に軽く汁気を絞る。

賞味期間

漬け上がり後、5日くらいまでが浅漬け。以降、乳酸発酵が始まってうまみと酸味が出て古漬けになっていく。1か月を目安に食べ切る。

◎ かんたん白菜漬けで作る料理→p.28

細切り漬けのすすめ

同じ塩漬けでも細切りにすると漬け込み時間が
短縮でき、早く食べたい時に便利です。
また、下ごしらえ済みの野菜として使いやすくなるという利点も。
浅漬けなら和えものやサラダに、
じっくり乳酸発酵させれば、うまみと酸味たっぷりの古漬けとなり、
キャベツはザワークラウト、
白菜は中国の酸菜（スワンツァイ）として鍋料理や炒めものにも使えます。

細切り白菜漬け

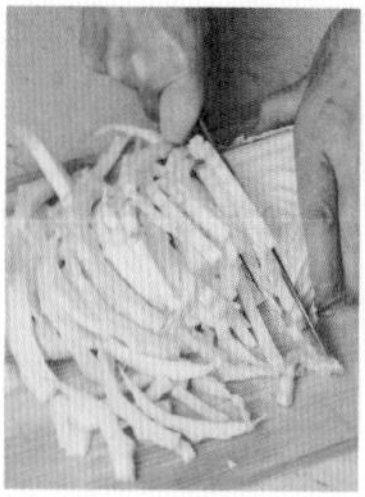

かんたん白菜漬け（p.22）から昆布と赤唐辛子を抜き、切り方以外は同じ要領で漬ける。

切り方：

根元側に縦半分に切り目を入れてから横6〜8㎜幅に切る。

◎ 細切り白菜漬けで作る料理→p.28

細切り塩玉キャベツ

切り方以外は塩玉キャベツ（p.20）と同様に漬ける。

切り方：

太い葉脈は斜め薄切りに、葉は食べやすい長さの横6〜8㎜幅に切る。

◎ 細切り塩玉キャベツで作る料理→p.26

野菜を塩で漬けると何が起こる？

お漬けものは発酵食品です

① 脱水して歯ごたえパリポリ

野菜に塩をまぶすと、野菜から水分がしみ出すと同時に、塩が野菜の内部にしみ込んでいきます。この塩と水分の双方通行が続くうちに、水分によってやわらかさが保たれていた野菜が脱水し、パリポリ、カリコリと小気味よい歯ごたえになり、**浅漬け**になります。

② 塩のかどがとれてうまみじわじわ

フレッシュな浅漬けも捨てがたいものの、もう少し時間をおくと漬け汁と野菜の味に一体感が生まれ、塩のかどがとれてうまみを感じるようになります。

③ 漬け汁が白濁して酸味が出る〈乳酸発酵〉

さらに時間が経つと、漬け汁がうっすら白濁し、野菜の色が褪せて、ぷつぷつと小さな泡が出てきます。これが乳酸発酵のサイン。発酵が進んで酸味の出たものが**古漬け**です。野菜にはもともと乳酸菌が付着していて、それが漬かる過程で糖などを分解して乳酸を作り出し、酸っぱくなります。腸活に人気の乳酸菌は、野菜の塩漬けからも摂れるのです。

④ 乳酸菌が腐敗を防ぐ

乳酸菌は酸に弱い腐敗菌の増殖を抑えます。乳酸菌をよい状態に保てればお漬けものは意外と日持ちします。ただし乳酸菌は空気を嫌うため、野菜はできるだけ空気に触れさせないこと。発酵が進むにつれてガス（CO_2）が出ますから容器の蓋は密閉せずにガスの逃げ道を確保し、漬け汁の表面に白っぽい膜のようなもの（産膜酵母）が張ったら取り除きましょう。

⑤ おいしいうちに食べ切る

乳酸菌が減ってくるとほかの菌がたちまち増殖し、腐敗が進みます。漬かりぐあいが進んできたら、まめに匂いや味をチェックして、おいしいうちに食べ切りましょう。

Arrange

塩玉キャベツでもっとおいしく

下ごしらえ要らず、うまみもアップ！

塩玉キャベツで

キャベツのアンチョビガーリック

材料と作り方(2人分)

1 塩玉キャベツ150gは、かたく汁気を絞る。

2 フライパンにオリーブオイル大さじ2とみじん切りのにんにく小さじ1、種を取ってちぎった赤唐辛子½本分、刻んだアンチョビ1枚分を入れて弱火にかける。にんにくの香りが立ったら1をほぐし入れてさっと炒め合わせる。

塩玉キャベツで

キャベツとトマトの蒸し煮

材料と作り方(2人分)

1 鍋に汁気が付いたままの塩玉キャベツ150gを入れ、1㎝厚さの半月切りのトマト1個分と4等分にしたベーコン3枚分、ローリエ1枚を加えて水をひたひたに注ぐ。

2 中火にかけ、ひと煮立ちしたら蓋をして弱火にし、トマトが崩れて汁となじんだら塩と粗びき黒こしょうで味を調える。

細切り塩玉キャベツの古漬けで

シュークルート風煮込み

材料と作り方(2人分)

1 鍋にオリーブオイル小さじ2を中火で熱し、汁気を軽く絞った細切り塩玉キャベツ(発酵して酸味が出た古漬け)200gをさっと炒める。白ワイン½カップを加えてアルコール分を飛ばし、水300㎖、じゃがいも小2個を加え、蓋をして弱火で煮る。

2 じゃがいもに火が通ったら、ソーセージ大2本を加え、蓋をして5分ほど煮て塩で味を調える。器に盛って粒マスタード適量を添える。

細切り塩玉キャベツで

キャベツとハムのサンドイッチ

材料と作り方(1人分)

1 細切り塩玉キャベツひとつかみは、かたく汁気を絞り、オリーブオイル小さじ1と黒こしょうをふって和える。

2 パン2枚の片面にバター(有塩)、マヨネーズ、粒マスタード各適量を塗り、ハム2枚と1をはさむ。

◎ 塩玉キャベツはp.20、
細切り塩玉キャベツはp.24参照。

Arrange

かんたん白菜漬けでもっとおいしく

発酵のうまみで奥深い味わいに！

かんたん白菜漬けで

白菜とたらのレモンバター蒸し

材料と作り方(2人分)

1 生たら2切れに塩小さじ1/4と酒小さじ1をなじませて10分ほどおき、汁気をキッチンペーパーで取る。

2 かんたん白菜漬け200gはさっと水洗いして汁気を軽く絞り、フライパンに広げ、上に1を並べる。たら1切れにつき輪切りのレモン1枚とバター(有塩)10gをのせる。酒大さじ2とオリーブオイル大さじ1を回し入れ、蓋をして中火にかける。

3 ひと煮立ちしたら弱火でたらに火を通す。器に盛り、みじん切りのイタリアンパセリ適量と粗びき黒こしょう少々をふる。

かんたん白菜漬けで

白菜と豚肉の黒酢炒め

材料と作り方(2人分)

1 薄切りの豚肩ロース肉100gは6〜7cm長さに切り、塩ふたつまみ、酒小さじ1、片栗粉小さじ1/2をもみ込む。

2 水大さじ3、黒酢大さじ1、酒としょうゆ各小さじ1、砂糖小さじ2、片栗粉小さじ1/2を合わせておく。

3 フライパンに油大さじ1を中火で熱し、しょうがのせん切り1/2かけ分と1を炒める。肉に火が通ったら、汁気を軽く絞ったかんたん白菜漬け200gを加えてさっと炒め合わせる。

4 3によく混ぜた2を回し入れ、とろみがつくまで炒める。仕上げにごま油少々を加えてさっと炒め合わせる。

細切り白菜漬けの古漬けで

酸菜鍋

材料と作り方(2人分)

1 干ししいたけ4枚は500mlの水でもどす。軸を切り落として薄切りにし、もどし汁は漉してとりおく。春雨20gは適量の水でもどして食べやすく切る。

2 鍋に1のしいたけともどし汁、酒1/4カップを入れて中火にかける。汁気を切った細切り白菜漬け(発酵して酸味が出た古漬け)200gを加えてひと煮立ちさせる。

3 2に食べやすく切った薄切りの豚バラ肉150gと春雨を加え、水をひたひたに加える。肉をほぐしながらアクを取り、5分ほど煮る。塩、粗びき黒こしょう、ごま油各適量で味を調える。

細切り白菜漬けで

白菜とりんごのサラダ

材料と作り方(2人分)

1 細切り白菜漬け200gは軽く汁気を絞り、皮付きのまま細切りにしたりんご1/4個分とレモン汁小さじ2、オリーブオイル大さじ1を加えて和える。

2 器に盛り、みじん切りのイタリアンパセリ適量と粗びき黒こしょう少々をふる。

◎ かんたん白菜漬けはp.22、
細切り白菜漬けはp.24参照。

きゅうりの塩漬け

塩漬けにしただけのきゅうりも、しょうがのさわやかな香りが加わると、とたんにお漬けものらしくなるから不思議なものです。食べる時に、塩昆布や白ごまでさっと和えるのもおすすめです。

材料

きゅうり…3本(300g)
しょうが…1かけ(15g)
塩…きゅうりの正味量の2%(6g)

漬け方

1 きゅうりは7〜8㎜厚さの斜め切りⓐ、しょうがはせん切りにする。

2 ポリ袋に**1**と塩を入れⓑ、振り混ぜて塩をなじませるⓒ。しんなりしたら空気を抜くようにして口を閉じるⓓ。

3 重石をのせ、水分が出るまで常温で1〜2時間漬ける。その後は重石を取って冷蔵庫へ。食べる時にかたく汁気を絞る。

賞味期間

漬け上がり後、5日くらいまでが浅漬け。以降、乳酸発酵が始まってうまみと酸味が出て古漬けになっていく。2週間を目安に食べ切る。

ⓐ

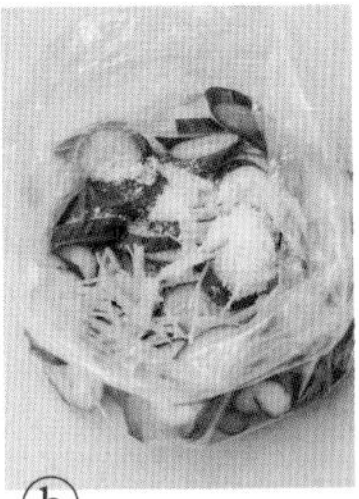

ⓑ

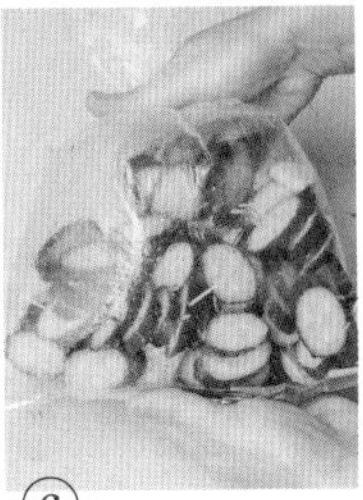

ⓒ

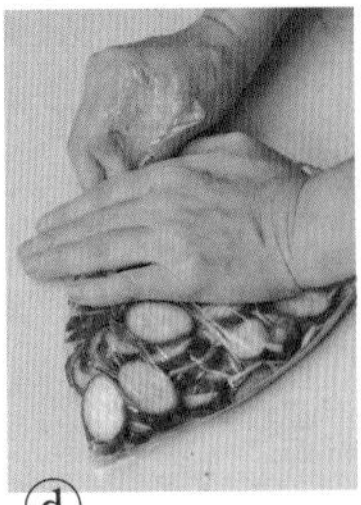

ⓓ

かぶの刻み漬け

葉や茎も、余さずにまるごと使った刻み漬け。食感を楽しみたいから、皮はむかずに使います。オリーブオイルで和えたり、炒めものにしても。

材料

かぶ(葉付き)… 3株(400g)
塩… かぶの重量の2%(8g)

漬け方

1 かぶは茎を根元から切り落としⓐ、皮付きのまま5㎜厚さのいちょう切りにするⓑ。葉は5㎜幅に刻むⓒ。

2 ポリ袋に1と塩を入れⓓ、振り混ぜて塩をなじませるⓔ。

3 しんなりしたら、空気を抜くようにして口を閉じるⓕ。

4 重石をのせ、水分が出るまで常温で30分ほど漬ける。その後は重石を取って冷蔵庫へ。食べる時に軽く汁気を絞る。

賞味期間

漬け上がり後、5日くらいまでが浅漬け。以降、乳酸発酵が始まってうまみと酸味が出て古漬けになっていく。2週間を目安に食べ切る。

ⓐ

ⓑ

ⓒ

ⓓ

ⓔ

ⓕ

小松菜漬け

小松菜をお漬けものに？　と思われるかもしれませんが、塩漬けにするととってもおいしいのです。古漬けになると、野沢菜漬けのような風味が出てきます。

材料

小松菜 … 1束(300g)
塩 … 小松菜の重量の2％(6g)

漬け方

1　小松菜は根を切り落とし、茎の根元に入り込んだ土をきれいに洗い流す。5㎝長さに切るⓐ。

2　ポリ袋に1と塩を入れⓑ、振り混ぜて塩をなじませるⓒ。

3　しんなりしたら、空気を抜くようにして口を閉じる。

4　重石をのせ、水分が出るまで常温で1時間くらい漬ける。その後は重石を取って冷蔵庫へ。食べる時に軽く汁気を絞る。

賞味期間

漬け上がり後、5日くらいまでが浅漬け。以降、乳酸発酵が始まってうまみと酸味が出て古漬けになっていく。1か月を目安に食べ切る。

ⓐ

ⓑ

ⓒ

Point　シャカシャカ塩

葉のやわらかい野菜は、塩と一緒にポリ袋に入れ、風船のように膨らませて両手でシャカシャカと振ると、塩がいいぐあいにまわる。

なすとみょうがの刻み漬け

なすとみょうがのお漬けものは、まさに夏の味。なすのきゅっとした食感がたまりません。食べる時に、しょうが汁やおしょうゆをたらしても。

ⓐ

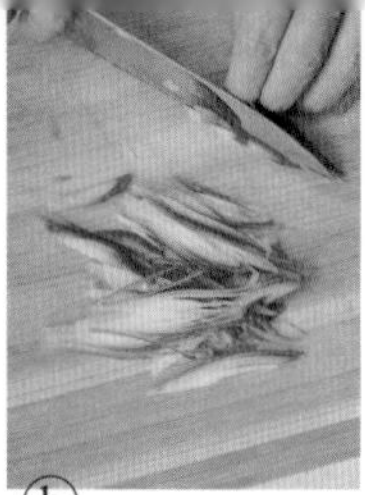

ⓑ

ⓒ

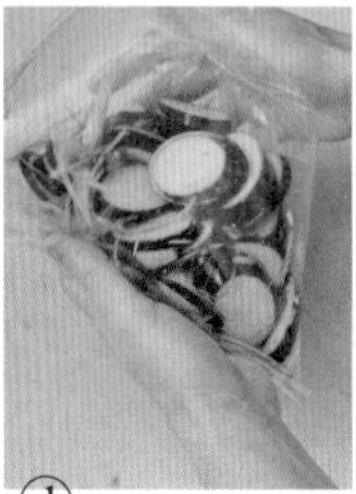

ⓓ

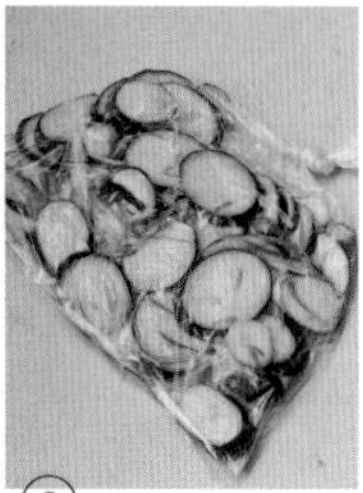

ⓔ

材料

なす … 3本(240g)
みょうが … 3個(60g)
塩 … 野菜の合計正味量の2%(6g)
炒り白ごま … 少々

漬け方

1 なすはヘタを切り落とし、7～8㎜厚さの斜め切りにするⓐ。みょうがは縦半分に切ってからせん切りにするⓑ。

2 ポリ袋に1と塩を入れⓒ、振り混ぜて塩をなじませるⓓ。

3 しんなりしたら、空気を抜くようにして口を閉じるⓔ。

4 重石をのせ、水分が出るまで常温で30分ほど漬ける。その後は重石を取って冷蔵庫へ。食べる時にかたく汁気を絞ってごまをふる。

賞味期間

日が経つにつれて色が悪くなってくるので、2～3日を目安に食べ切る。

きゅうりのかみなり干し

〝かみなり干し〟という名の由来は諸説あり、干した姿が稲妻のようだからという説も。白うりで作るのが定番ですが、手に入らない時に育ちすぎた太めのきゅうりで作ってみたらおいしくて、すっかりお気に入りに。

材料

きゅうり … 太め3本(400g)
水 … 500㎖
塩 … 水の4%(20g)
昆布(2〜3㎝四方) … 2枚
かつお削り節 … 適量

漬け方

1 きゅうりは両端を切り落とし、半分の長さに切る。切り口の真ん中に、菜箸を回しながらゆっくりと突き刺していく。種をほじくるようにして穴を広げながら刺すと割れにくい。

2 まな板の上に1を箸を刺したまま置き、きゅうりの端に斜めに包丁を入れて刃を箸に当てる。そのままきゅうりを転がしながら1㎝幅のらせん状に切るⓐ。箸を抜く。

3 ボウルに分量の水を入れて塩を溶かし、昆布を加え、2を入れて常温で1時間ほど漬けるⓑ。

4 きゅうりを取り出して汁気をしっかり拭き取り、金串やハンガーなどに吊るして風干しするⓒ。

5 だらりとのびて表面のベタつきがなくなったら、干し上がりⓓ。清潔な保存容器に入れて冷蔵庫で保存し、食べる時に刻んでかつお節をかける。

賞味期間

4〜5日を目安に食べ切る。

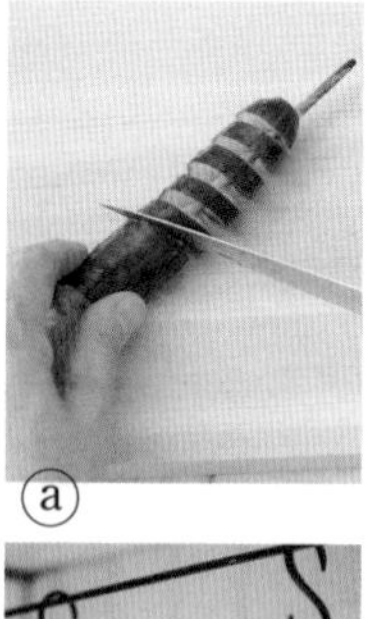
ⓐ

ⓑ

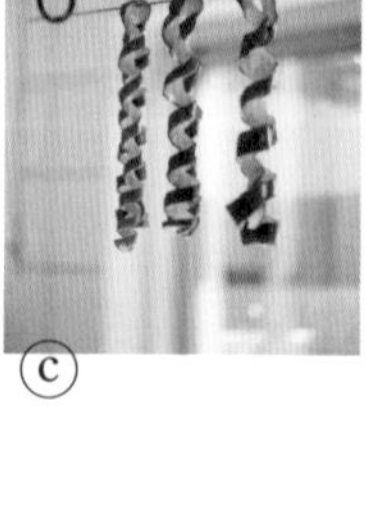
ⓒ

ⓓ

パリポリきゅうり

きゅうりの水分をしっかり出してから、調味液で手早く炒りつけるのが、パリポリ食感に仕上げるコツ。しょうがの香りと甘辛しょうゆ味でごはんが進みます。

材料

きゅうり…3本(300g)
しょうが…1かけ(15g)
塩…きゅうりの正味量の2%(6g)
Ⓐ
- しょうゆ…小さじ2
- みりん…小さじ2
- 砂糖…小さじ2
- 酢…大さじ1強
- 赤唐辛子(小口切り)…少々

炒り白ごま…小さじ1

漬け方

1 きゅうりは5㎜厚さの輪切りⓐ、しょうがは細切りにする。

2 ポリ袋に1と塩を入れ、振り混ぜて塩をなじませる。しんなりしたら空気を抜くようにして口を閉じ、重石をのせて1時間ほど漬ける。

3 2を2〜3回に分けて、さらしに包んでかたく汁気を絞るⓑ。

4 鍋にⒶと3を入れて強めの中火にかけ、汁気がなくなるまで手早く炒りつけるⓒ。鍋のままいったん冷まし、汁気がしみ出してきたら再び火にかけて汁気を飛ばす。

5 バットに広げて粗熱をとり、炒り白ごまをまぶすⓓ。清潔な保存容器に入れて冷蔵庫で保存する。

賞味期間

2週間を目安に食べ切る。

ⓐ

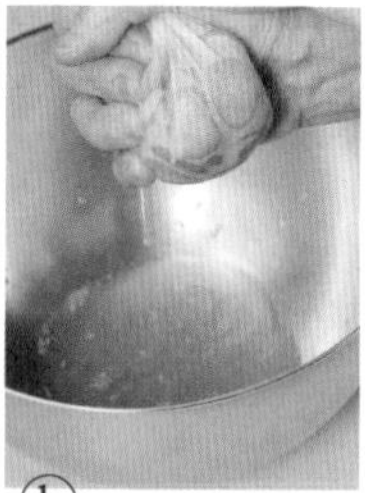
ⓑ

ⓒ

ⓓ

しょうゆ漬け

根菜のぴり辛しょうゆ漬け

さっと湯がいた根菜を調味液に漬けるだけ。日持ちがするので、根菜の煮もののような常備菜として重宝します。食感を生かしたいから、ゆですぎは禁物です。

材料

ごぼう（あれば新ごぼう）… 100g
れんこん … 100g
にんじん … 100g
昆布（2〜3㎝四方）… 3枚
赤唐辛子（小口切り）… ½本分
🅐
しょうゆ … 大さじ4
みりん … 大さじ6
酢 … 大さじ1と½

漬け方

1　ごぼうはたわしでこすって泥を洗い流し、5㎝長さに切って四〜六つ割りにする。れんこんは皮をむいて5㎜厚さの半月切り（太ければいちょう切り）にする。にんじんは皮をむいてごぼうと同じサイズに切るⓐ。

2　鍋にたっぷりの湯を沸かし、1を入れて再沸騰後20秒ほどゆで、ざるにあげる。キッチンペーパーを敷いた盆ざるに広げ、表面の水分を飛ばすⓑ。ポリ袋に入れ、昆布と赤唐辛子を加える。

3　小鍋に🅐を入れてひと煮立ちさせ、2に注ぎ入れるⓒ。

4　粗熱がとれたら空気を抜くようにして口を閉じ、冷蔵庫に入れて半日以上漬ける。保存も冷蔵庫で。

賞味期間

1か月を目安に食べ切る。

ⓐ

ⓑ

ⓒ

しょうゆ漬け

新玉ねぎのだしじょうゆ漬け

新玉ねぎの時季になると何度も作るお漬けもの。昆布やかつお節と一緒に漬け込んで、だしのうまみをしみ込ませます。わかめやトマトと合わせてサラダにしても。

材料

新玉ねぎ … 1個(220g)
昆布(2～3cm四方) … 2枚
Ⓐ
- 水 … 150㎖
- しょうゆ … 大さじ4
- みりん … 大さじ3
- 酢 … 大さじ1

かつお削り節 … 2g

漬け方

1 新玉ねぎはバラバラにならないように根元を残し、12等分のくし形切りにするⓐ。

2 清潔な耐熱容器に1をなるべく隙間ができないように詰め、昆布を差し入れる。

3 小鍋でⒶをひと煮立ちさせ、熱いうちに2に注ぎ入れるⓑ。

4 かつお節をお茶パックに入れるかキッチンペーパーに包み、3の上に落とし蓋のようにのせるⓒ。さらにガラスの小皿やラップなどで落とし蓋をしてⓓ、常温で1日漬ける。その後は冷蔵庫へ。

賞味期間

2週間を目安に食べ切る。

Point だしパックの落とし蓋

ⓐ

ⓑ

ⓒ

ⓓ

しょうゆ漬け

輪切り大根のぽん酢しょうゆ漬け

ぽん酢しょうゆで漬けただけとは思えないおいしさです。カリッと焼いた豚肉を包んでぱくり！さっぱりして、いくらでも食べられます。

材料

大根 … 1/3本（400g）
ぽん酢しょうゆ（市販）… 160㎖

漬け方

1 大根はスライサーか包丁で皮付きのまま2㎜厚さの輪切りにするⓐ。盆ざるなどの上に並べⓑ、表面が乾くまで1時間ほど風干しする。

2 ポリ袋に入れ、ぽん酢しょうゆを加えて空気を抜くようにして口を閉じ、冷蔵庫へ。2日目からが食べ頃。

賞味期間

2週間を目安に食べ切る。

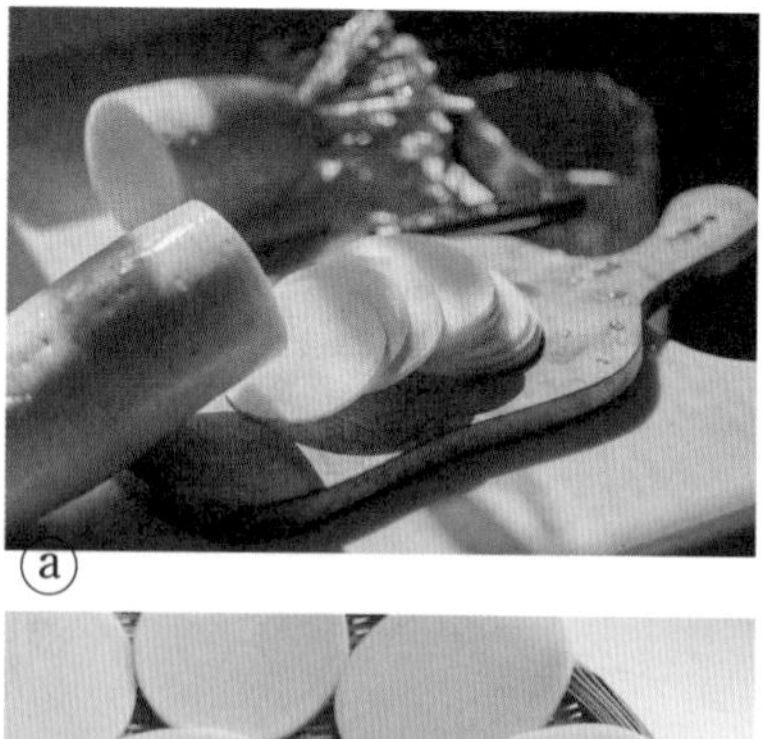

ⓐ

風干し Point

ⓑ

大根の皮（かぶの皮）のはりはり漬け

はりはり漬けが食べたいから、大根の皮はかならず厚くむくようにしています。皮がしんなりするまで干すと、食感よく仕上がります。

ⓐ

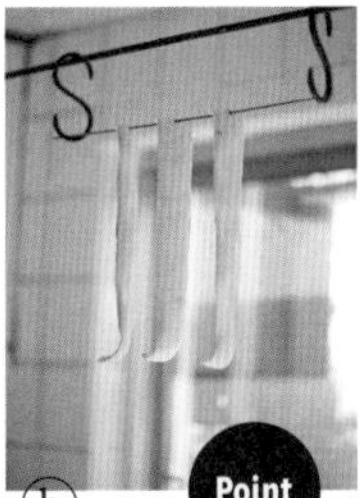
ⓑ

Point 吊るし干し

材料

大根の皮 … 1/3本分
（またはかぶの皮 … 5個分）
昆布（2～3㎝四方）… 1枚
赤唐辛子（種を取る）… 1/2本
Ⓐ
しょうゆ … 大さじ2
みりん … 大さじ2
酢 … 大さじ1
かつお削り節 … ひとつまみ

漬け方

1 大根、またはかぶの皮は厚めにむき、金串などに刺して吊るしたりⓐ、盆ざるに並べたりして半日ほど風干しする。

2 皮がだらりとのびてしんなりしたらⓑ、食べやすい大きさに切り、昆布と赤唐辛子と一緒に清潔な保存容器に入れ、Ⓐを注ぎ入れる。

3 かつお節をお茶パックに入れ、2の上に落とし蓋のようにのせる。さらにラップで落とし蓋をして冷蔵庫へ。2日目からが食べ頃。

賞味期間

2週間を目安に食べ切る。

焼酎漬け

お漬けものに焼酎？　と思われるかもしれませんが、野菜の水分と合わさることでフルーティーな仕上がりに。漬けたてよりも一日おいたほうがまろやかになります。

材料

大根 … 1/4本（300g）
にんじん … 1/2本（100g）
きゅうり … 1本（100g）

Ⓐ
- 赤唐辛子（半分にちぎって種を取る）… 1本分
- 塩 … 野菜の合計正味量の2%（10g）
- 砂糖 … 野菜の合計正味量の1%（5g）
- 焼酎（麦焼酎などくせの強くないもの）… 大さじ3

漬け方

1. 大根は厚めに皮をむきⓐ、にんじんも皮をむく。大根は5㎜厚さのいちょう切りⓑ、にんじんは3㎜厚さの半月切りⓒにする。きゅうりは5㎜厚さの斜め切りにするⓓ。
2. ポリ袋に1とⒶを入れⓔ、軽くもんで調味料をなじませる。しんなりしたら空気を抜くようにして口を閉じるⓕ。
3. 重石をのせて常温で3時間ほど漬ける。その後は重石を取って冷蔵庫へ。

賞味期間

1週間を目安に食べ切る。

ⓐ

ⓑ

ⓒ

ⓓ

ⓔ

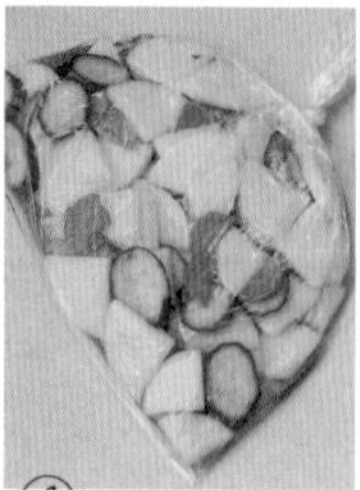
ⓕ

焼酎漬け

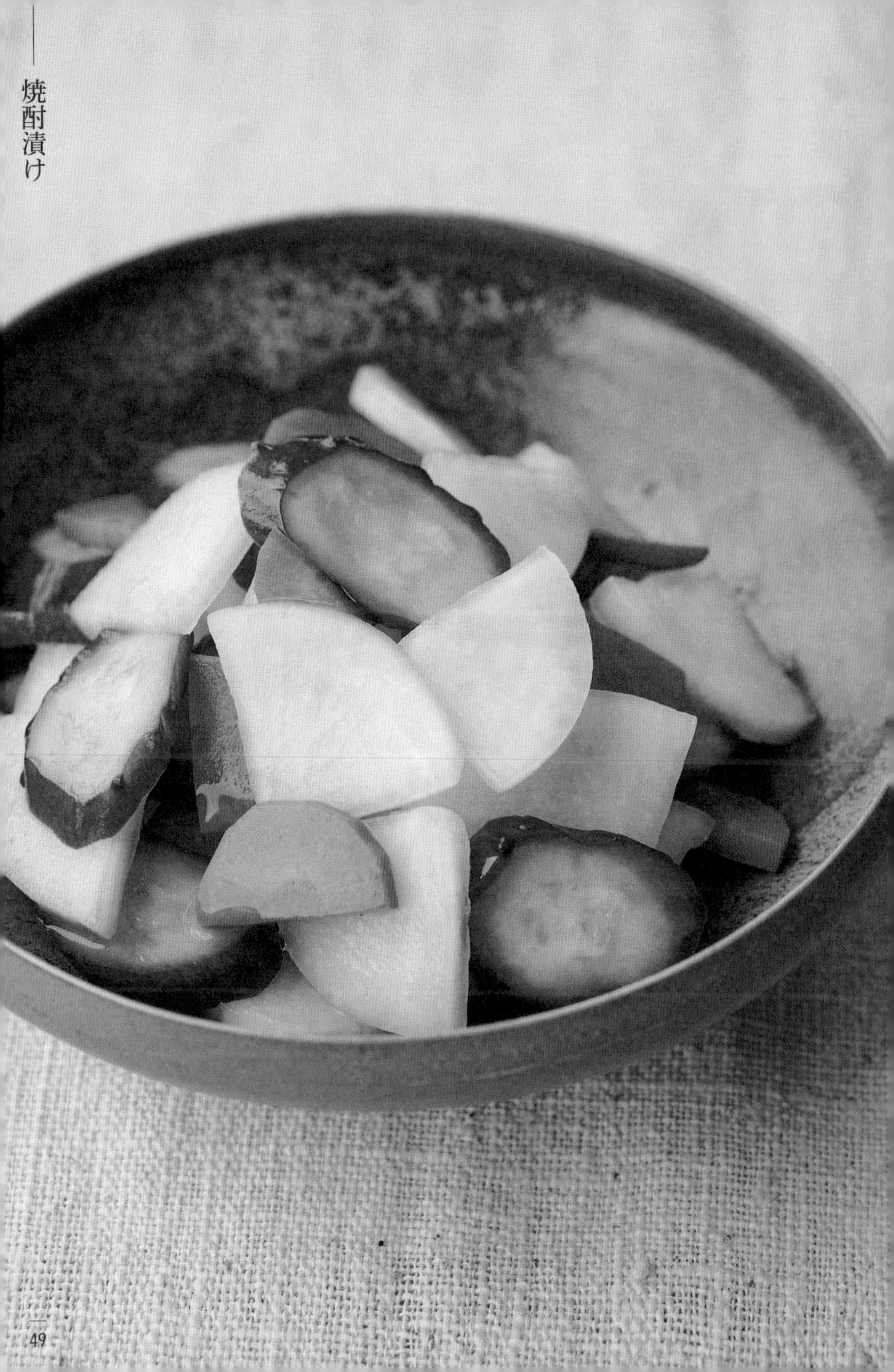

いろいろ野菜のみそ漬け

少量のみそ床に食べやすく切った野菜をなじませるだけ！　のかんたんみそ漬け。みそをぬぐう手間もいりません。砂糖の量は、みその甘さに応じて加減しましょう。

材料

にんじん … 1/3本(60g)
ピーマン … 1個(40g)
しょうが … 2/3かけ(10g)
カリフラワー … 小房6個(60g)
ラディッシュ … 3個(80g)
みそ … 野菜の合計正味量の20%(50g)
砂糖 … みその重さの10%(5g)

漬け方

1 にんじんは六～八つ割りに、ピーマンは種を取って乱切り、しょうがは皮をむいて薄切り、カリフラワーはひと口大の小房に分ける。ラディッシュは葉付きのまま縦半分に切る。

2 ポリ袋にみそと砂糖を入れてもみ混ぜるⓐ。にんじん、ピーマンとしょうが、カリフラワーとラディッシュの順番に加え、その都度軽くもんで全体にみそをなじませるⓑ。空気を抜くようにして口を閉じる。

3 常温で2～3時間漬け、その後は冷蔵庫へ。食べる時はみそを付けたまま盛る。

賞味期間

1週間を目安に食べ切る。

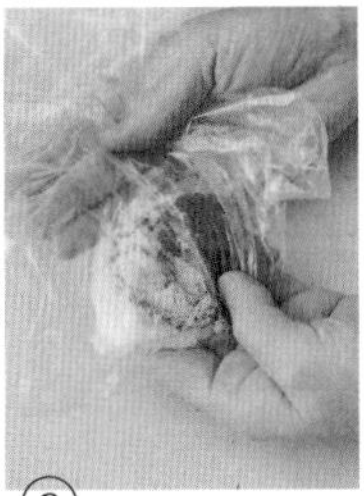

ⓐ

ⓑ

菜の花のからし漬け きゅうりのからし漬け

からしのつーんと鼻に抜ける辛みがくせになるお漬けものです。辛みは2日目くらいから薄らいできますが、からしの風味は残ります。

きゅうりのからし漬け

材料

きゅうり … 2本(200g)
粉からし … 小さじ1
A
塩 … きゅうりの正味量の2%(4g)
砂糖 … 塩と同量(4g)
薄口しょうゆ … 小さじ½

漬け方

1 きゅうりは皮をピーラーで3か所ほど縞にむきⓐ、1cm幅に切る。

2 ポリ袋に**A**を入れて混ぜ、**1**を加えてもみ混ぜて調味料を全体にまわす。しんなりしたら、空気を抜くようにして口を閉じるⓑ。

3 重石をのせて常温で1時間ほど漬け、袋にたまった汁を捨てる。粉からしを加えてもみ混ぜ、冷蔵庫へ。翌日からが食べ頃。食べる時に汁気を切る。

賞味期間
1週間を目安に食べ切る。

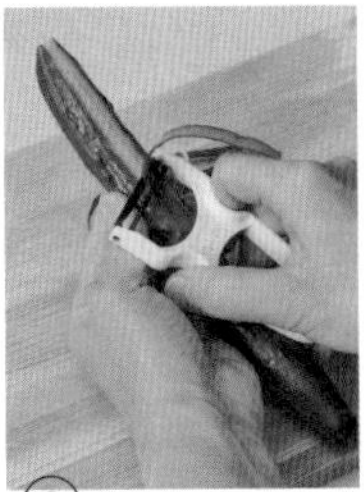
ⓐ

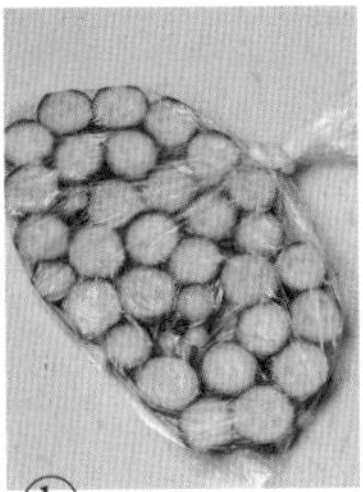
ⓑ

菜の花のからし漬け

材料

菜の花 … 200g
昆布(2～3cm四方) … 2枚
A
粉からし … 小さじ1と½
薄口しょうゆ … 大さじ1と½
みりん … 小さじ2
水 … 大さじ1

漬け方

1 菜の花は水にさらしてシャキッとさせる。

2 鍋にたっぷりの湯を沸かし、**1**を茎から入れて1分ほどゆで、冷水にとるⓐ。かたく水気を絞って5cm長さに切る。

3 ポリ袋に**A**を入れてもみ混ぜ、**2**と昆布を加えⓑ、空気を抜くようにして口を閉じる。

4 常温で30分ほど漬け、からしの風味が出て味がなじんだら食べ頃。その後は冷蔵庫へ。食べる時に汁気を切る。

賞味期間
4～5日を目安に食べ切る。

ⓐ

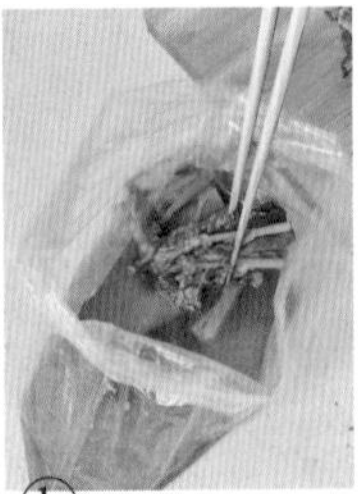
ⓑ

大根のべったら風

甘酒を使って気楽に作れるべったら風のお漬けもの。いちょう切りにしてから漬けるので、漬かりが早く、食べやすいのです。

材料

大根 … 1/3本(400g)
塩 … 干した大根の正味量の3%
甘酒(塩分無添加) … 1/4カップ
昆布(2～3cm四方) … 2枚
赤唐辛子 … 1本

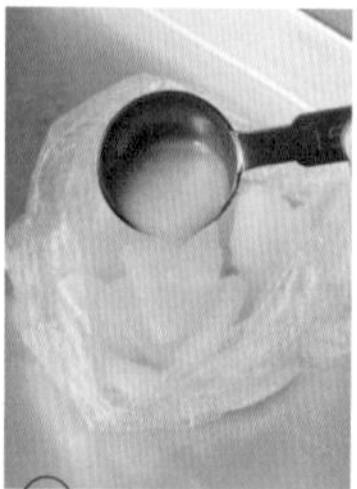

ⓐ

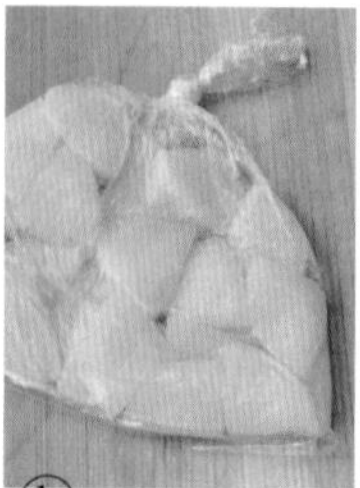

ⓑ

漬け方

1 大根は皮をむき、1cm厚さのいちょう切りにする。盆ざるに広げてしんなりするまで半日～1日風干しする。

2 〈下漬け〉ポリ袋に**1**と塩を入れ、振り混ぜて塩をなじませる。しんなりしたら、空気を抜くようにして口を閉じ、重石をのせて常温で1日漬ける。

3 〈本漬け〉大根に透明感が出たら、袋にたまった汁を捨てて甘酒を加えⓐ、昆布と赤唐辛子も加える。空気を抜くようにして口を閉じⓑ、冷蔵庫へ。翌日からが食べ頃。

賞味期間

1週間を目安に食べ切る。

かぶのゆずこしょう漬け

ゆずこしょうのキリッとした香りと辛みが、甘みのあるかぶとよく合います。茎を少し残しておくと、彩りよく仕上がります。

材料

かぶ(茎を2cm残して葉を落とす)…3個(200g)
塩…かぶの正味量の2%(4g)
ゆずこしょう…小さじ1/2

漬け方

1 かぶは茎の根元に入り込んだ土をきれいに洗い流し、皮付きのまま8等分のくし形切りにするⓐ。

2 ポリ袋に1、塩、ゆずこしょうを入れ、軽くもみ混ぜて調味料を全体にまわすⓑ。空気を抜くようにして口を閉じる。

3 重石をのせて常温で1時間ほど漬ける。その後は冷蔵庫へ。食べる時に汁気を軽く絞る。

賞味期間

1週間を目安に食べ切る。

ⓐ

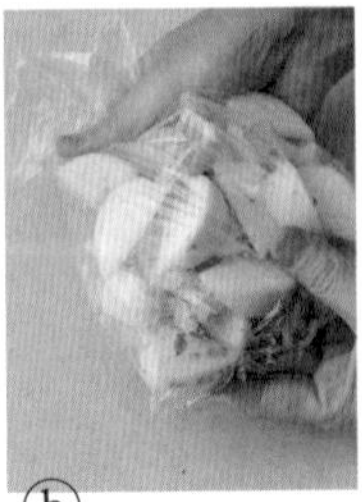
ⓑ

みょうがの甘酢漬け

傷みやすいみょうがを長くおいしく食べられるようにと、旬になると仕込むもののひとつ。熱々の甘酢に漬けることで色鮮やかに仕上がります。

材料

みょうが … 6個

A

酢 … 1/2カップ
水 … 1/4カップ
砂糖 … 大さじ3
塩 … 小さじ1/2弱

ⓐ

ⓑ

ⓒ

漬け方

1 みょうがは縦半分に切りⓐ、清潔な耐熱保存びんに詰める。

2 鍋に**A**を入れ、ひと煮立ちさせて砂糖と塩を溶かし、熱々を1に注ぎ入れるⓑ。

3 ラップで落とし蓋をしてⓒ、常温で粗熱がとれるまで漬ける。その後は容器の蓋をして冷蔵庫へ。2日目からが食べ頃。

賞味期間

2週間を目安に食べ切る。

こんな料理に使えます

みょうがとおじゃこのばら寿司

材料と作り方（2人分）

炊きたてのごはん … 1合分
みょうがの甘酢漬け … 2本
青じそ … 3枚
ちりめんじゃこ … 20g
炒り白ごま … 大さじ1
A→以下を混ぜ合わせる
みょうがの甘酢漬けの漬け汁 … 大さじ1と1/2
塩 … 小さじ1/2

1 汁気を切ったみょうがの甘酢漬けと青じそをせん切りにする。青じそは水にさらして水気を切る。

2 1のみょうが、炒り白ごま各少々をトッピング用に取り分ける。

3 熱々のごはんを飯台かボウルに入れ、**A**、残りのみょうがとごま、ちりめんじゃこを加えてしゃもじでさっくりと混ぜる。器に盛って2を散らし、青じそをのせる。

ゆず大根

甘みが増した冬の大根とゆずが揃ったら、かならず作るお漬けもの。厚くむいた皮は、はりはり漬け(p.47)にして無駄なくおいしくいただきましょう。

材料

大根 … 1/3本(400g)
塩 … 干した大根の正味量の2%
Ⓐ
　酢 … 小さじ2
　砂糖 … 小さじ2
赤唐辛子(種を取る) … 1/2本
昆布(2〜3cm四方) … 2枚
ゆずの皮(せん切り) … 適量

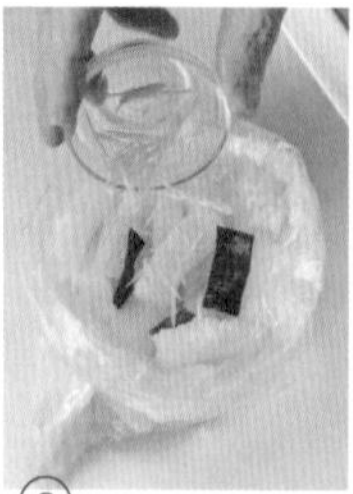

ⓐ

ⓑ

漬け方

1 大根は皮を厚くむき、5cm長さ、1.5cm幅の拍子木切りにする。盆ざるに並べて半日〜1日風干しする。

2 〈下漬け〉 ポリ袋に**1**と塩を入れ、振り混ぜて塩をなじませる。しんなりしたら、空気を抜くようにして口を閉じ、重石をのせて常温で半日漬ける。

3 〈本漬け〉 大根に透明感が出てしんなりしたら、袋にたまった汁を捨て、Ⓐを加えて軽くもんでなじませ、赤唐辛子、昆布、ゆずの皮を加えるⓐ。空気を抜くようにして口を閉じⓑ、常温で1日漬け、その後は冷蔵庫へ。

賞味期間

2週間を目安に食べ切る。

かぶの千枚漬け風

大ぶりのかぶを見つけたら漬けたくなるのがこれ。2ミリ厚さに切るのがおいしさの秘訣。薄すぎても、厚すぎてもいけません。

材料

かぶ(葉は切り落とす) … 大3個(250g)
塩 … かぶの正味量の2%(5g)

Ⓐ
酢 … 大さじ2
砂糖 … 大さじ1
赤唐辛子(種を取る) … 1本
昆布(2～3㎝四方) … 2枚

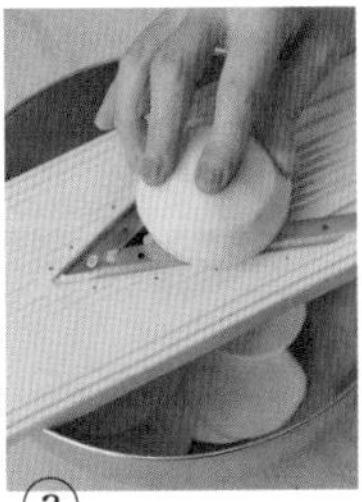

ⓐ

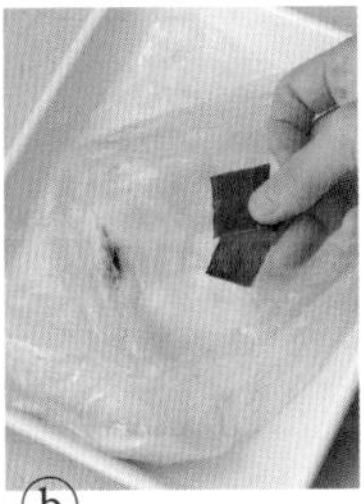

ⓑ

漬け方

1 かぶは皮をむき、スライサーか包丁で厚さ2㎜の輪切りにするⓐ。

2 〈下漬け〉 ポリ袋に1と塩を入れ、振り混ぜて塩をなじませる。しんなりしたら、空気を抜くようにして口を閉じ、重石をのせて常温で1時間ほど漬ける。

3 〈本漬け〉 かぶがしんなりしたら、袋にたまった汁を捨ててⒶを加えⓑ、軽くもんでなじませる。常温で1日漬け、その後は冷蔵庫へ。

賞味期間

2週間を目安に食べ切る。

紅白なます

甘さ控えめの、サラダ感覚で食べられるなますです。大根をなます切りにして、ゆず皮をたっぷり入れるのがおいしさの秘訣です。

材料

大根 … 1/3本（400g）
にんじん … 20g
塩 … 大根の正味量の2％（8g）
ゆずの果汁 … 大さじ1
ゆずの皮（せん切り） … 1/4個分
Ⓐ
- 酢 … 大さじ6
- 砂糖 … 大さじ2
- みりん … 大さじ2
- 薄口しょうゆ … 小さじ1
- 赤唐辛子（小口切り） … 少々

漬け方

1 大根は皮をむき、2〜3㎜厚さの斜め切りにしてからⓐ、せん切りにするⓑ。にんじんも同様に切る。

2 〈下漬け〉 ポリ袋に**1**と塩を入れ、振り混ぜて塩をなじませる。しんなりしたら空気を抜くようにして口を閉じ、重石をのせて常温で1時間ほど漬ける。

3 小鍋にⒶを入れ、ひと煮立ちさせて砂糖を溶かす。冷ましてから、ゆずの果汁と皮を加える。

4 〈本漬け〉 **2**をさらしに包んでかたく汁気を絞る。ポリ袋に入れ、**3**を加えて軽くもんでなじませる。空気を抜くようにして口を閉じ、常温で1時間ほど漬ける。その後は冷蔵庫へ。

賞味期間

2週間を目安に食べ切る。

Point　なます切り

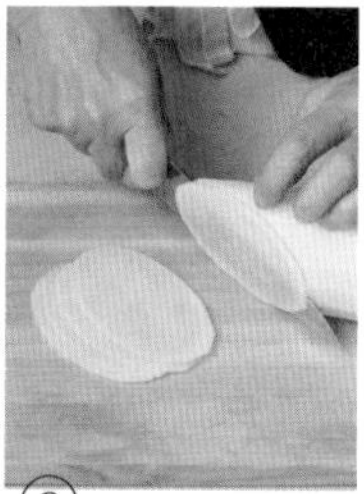

ⓐ

ⓑ

斜めに薄切りにしてから、せん切りにすることで、かたすぎず、やわらかすぎずのほどよい食感に仕上がる。この切り方を「なます切り」という。

こんな料理に使えます

焼きししゃものなますマリネ

材料と作り方(2人分)

ししゃも … 6尾
紅白なます(p.60) … 適量
紅白なますの漬け汁(p.60) … 適量

1 ししゃもは魚焼きグリルなどでこんがりと焼き、バットに並べる。

2 ししゃもを覆うように紅白なますをのせ、漬け汁を回しかける。ラップで落とし蓋をして味がなじむまでおく。

エスニックなます

太めに切って歯ごたえを出したなますは、お肉との相性が抜群です。バインミーなど、サンドイッチの具材にもぴったりです。

材料

大根 … $1/3$本（400g）
にんじん … 50g
塩 … 野菜の合計正味量の2％（9g）

Ⓐ
- 酢 … 大さじ4
- 砂糖 … 大さじ2
- ナンプラー … 小さじ2
- 赤唐辛子（小口切り） … 1本分

Ⓑ
- レモンの果汁 … 大さじ1
- おろしにんにく … 少々

ナンプラーはいわしを塩漬けにして発酵させたタイの魚しょう。これを使うだけで、なますがぐんとエスニック風味に。ベトナムのニョクマムや日本各地の魚しょうを使ってもOK。

漬け方

1 大根とにんじんは皮をむき、5㎜厚さの斜め切りにしてから、細切りにする。

2 〈下漬け〉ポリ袋に1と塩を入れ、振り混ぜて塩をなじませる。しんなりしたら空気を抜くようにして口を閉じ、重石をのせて常温で1時間ほど漬ける。

3 小鍋にⒶを入れ、ひと煮立ちさせて砂糖を溶かし、冷ます。

4 〈本漬け〉2をさらしに包んでかたく汁気を絞る。ポリ袋に入れ、3とⒷを加えて軽くもんでなじませる。空気を抜くようにして口を閉じ、常温で1時間ほど漬ける。その後は冷蔵庫へ。

賞味期間

2週間を目安に食べ切る。

こんな料理に使えます

豚バラ肉となますのサンチュ巻き

材料と作り方（2人分）

豚バラ肉（焼き肉用）… 300g
塩 … 少々
サンチュ（またはリーフレタス）… 適量
エスニックなます（p.62）… 適量
パクチー … 適量
粗びき黒こしょう … 適量
レモン … 適量

1 豚バラ肉に塩をふり、フライパンやグリルでこんがりと焼く。

2 サンチュの上に1、エスニックなます、パクチーをのせ、こしょうをふり、レモンを搾る。サンチュで包んで食べる。

新しょうがの甘酢漬け

新しょうがが出回る時季にたっぷり仕込んでおきたいお漬けもの。そのまま食べても、薬味のように使ってもと、重宝します。

甘酢漬け

材料

新しょうが … 300g

❹

- 酢 … 300mℓ
- 砂糖* … 大さじ6(60g)
- 塩 … 小さじ1と½(9g)

* 甘さ控えめの分量なので、甘めが好みなら砂糖を増量する。

しょうが漬け豆知識

秋に出回る露地ものの新しょうがは辛みが少し強いので、たっぷりの湯で1〜2分ほど下ゆでしてから、水気をしっかり切って漬ける。

ひねしょうがで作る場合は、皮をむいて薄切りにして10分ほど水にさらし、下ゆでしてから水気をしっかり切って漬ける。

漬け方

1 新しょうがは適当な大きさに切り分けて水洗いする。変色している部分があれば切り取り、水気を拭き取る。

2 スライサーまたは包丁で繊維にそってできるだけ薄切りにするⓐ。清潔な耐熱保存びんに詰める。

3 鍋に❹を入れ、ひと煮立ちさせて砂糖と塩を溶かし、熱いうちに2に注ぎ入れるⓑ。ラップで落とし蓋をして常温で半日漬け、その後はびんの蓋をして冷蔵庫へ。

賞味期間

1年を目安に食べ切る。

ⓐ

ⓑ

こんな料理に使えます

〆あじの甘酢しょうが和え

あじの刺し身に塩少々をふって5分ほどおいて水分を拭き取り、新しょうがの甘酢漬けの漬け汁をからめて5分ほどおく。汁気を軽く切った新しょうがの甘酢漬けとさっと和え、細ねぎの小口切りをのせる。

紅しょうが

新しょうがと赤梅酢があれば、ピンク色の紅しょうがかんたんに作れます。薬味として使うほか、和えものに入れたり、玉ねぎと合わせてかき揚げにしてもおいしいですよ。

材料

新しょうが…300g
塩…新しょうがの正味量の3％(9g)
赤梅酢*…1/2カップ
酢(あればりんご酢)…1/4カップ
＊梅干しを漬けた時の副産物。市販品もある。

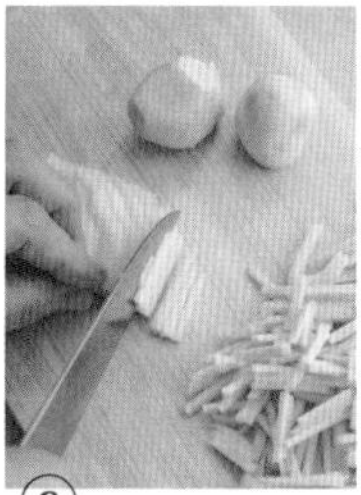
ⓐ

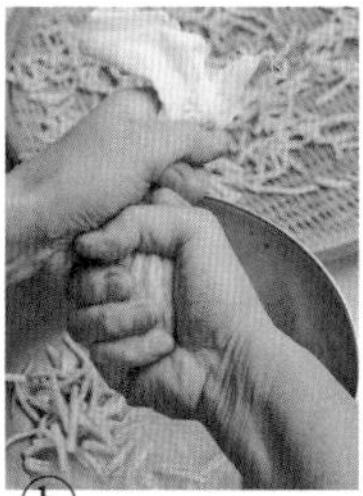
ⓑ

ⓒ

ⓓ

漬け方

1 新しょうがは適当な大きさに切り分けて水洗いする。変色している部分があれば切り取り、水気を拭き取る。繊維にそって3㎜太さの細切りにするⓐ。

2 〈下漬け〉ボウルに1と塩を入れ、混ぜて全体に塩をまわす。しんなりしたら、重石をして常温で1時間ほど漬ける。

3 数回に分けて、2をさらしに包んでかたく汁気を絞るⓑ。盆ざるに広げてぱらりとするまで風干しするⓒ。

4 〈本漬け〉清潔な保存容器に3を入れ、赤梅酢と酢を混ぜたものを注ぎ入れるⓓ。ラップで落とし蓋をして常温で1日漬け、その後は容器の蓋をして冷蔵庫へ。

賞味期間

1年を目安に食べ切る。

こんな料理に使えます

ピータンと紅しょうが

ピータンと紅しょうがの相性は抜群！ まったりした風味のピータンが紅しょうがのキリッとした辛みと酸味でスッキリ味わえます。

浅しば漬け

夏野菜が出盛りになるとかならず仕込みます。色鮮やかで酸が利いたしば漬けは、食欲を増進させるので、暑い時季の食卓に欠かせません。赤梅酢と酢、みりんの割合は、バランスをみて好みで調整しましょう。

材料

きゅうり … 2本(200g)
なす … 3本(240g)
みょうが … 3個(60g)
新しょうが … 大1かけ(50g)
塩 … 野菜の合計正味量の3%(16.5g)
砂糖 … 野菜の合計正味量の1%(5.5g)

A

赤梅酢* … 1/2カップ
りんご酢 … 1/2カップ
みりん … 大さじ2

＊梅干しを漬けた時の副産物。市販品もある。

漬け方

1 きゅうりは7㎜厚さの斜め切り、なすは縦半分に切ってきゅうりと同様に切る。みょうがは四つ割り、新しょうがは2㎜厚さの短冊切りにするⓐ。

2 〈下漬け〉ポリ袋に1と塩、砂糖を入れ、振り混ぜてなじませる。しんなりしたら、空気を抜くようにして口を閉じ、重石をのせて常温に2～3時間おく。

3 数回に分けて、2をさらしに包んでかたく汁気を絞るⓑ。

4 〈本漬け〉ボウルにAを入れ、3をほぐして加えⓒ、なじませるⓓ。ポリ袋に入れて空気を押し出すようにして口を閉じ、常温で2～3日漬ける。赤く染まれば食べ頃。その後は冷蔵庫へ。漬かるにつれて色は褪せていく。

賞味期間

1年を目安に食べ切る。

こんな料理に使えます

しば漬けおにぎり

刻んだ浅しば漬けと炒り白ごまをたっぷり混ぜ込んでおにぎりに。夏の日のおべんとうにぴったりです。

ⓐ

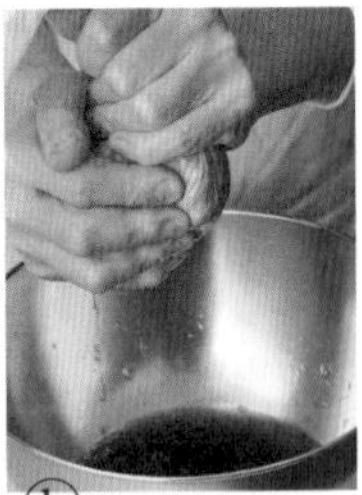
ⓑ

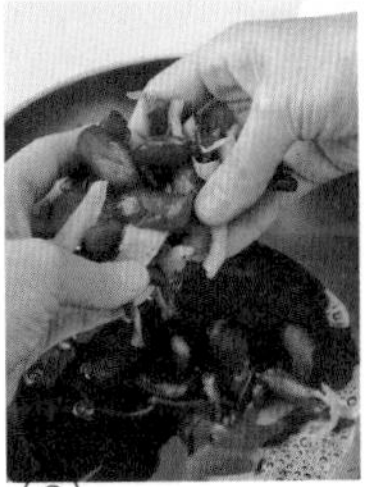
ⓒ

ⓓ

長いものおかか梅酢漬け

赤梅酢とかつお節のうまみがしみた、シャクシャク食感の即席漬け。赤梅酢の代わりにぽん酢しょうゆで漬けてもおいしいですよ。

材料

長いも … 200g
かつお削り節 … 2g
赤梅酢 * … 大さじ1と1/2
* 梅干しを漬けた時の副産物。市販品もある。

漬け方

1 長いもは皮をむき、乱切りにするⓐ。

2 ポリ袋に1、かつお節、赤梅酢を入れⓑ、軽くもんでなじませる。空気を抜くようにして口を閉じⓒ、常温で2時間ほど漬ける。その後は冷蔵庫へ。

賞味期間

1週間を目安に食べ切る。

ⓐ

ⓑ

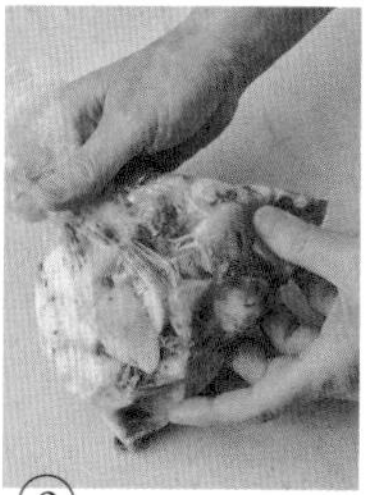

ⓒ

わが家のお漬けもの物語

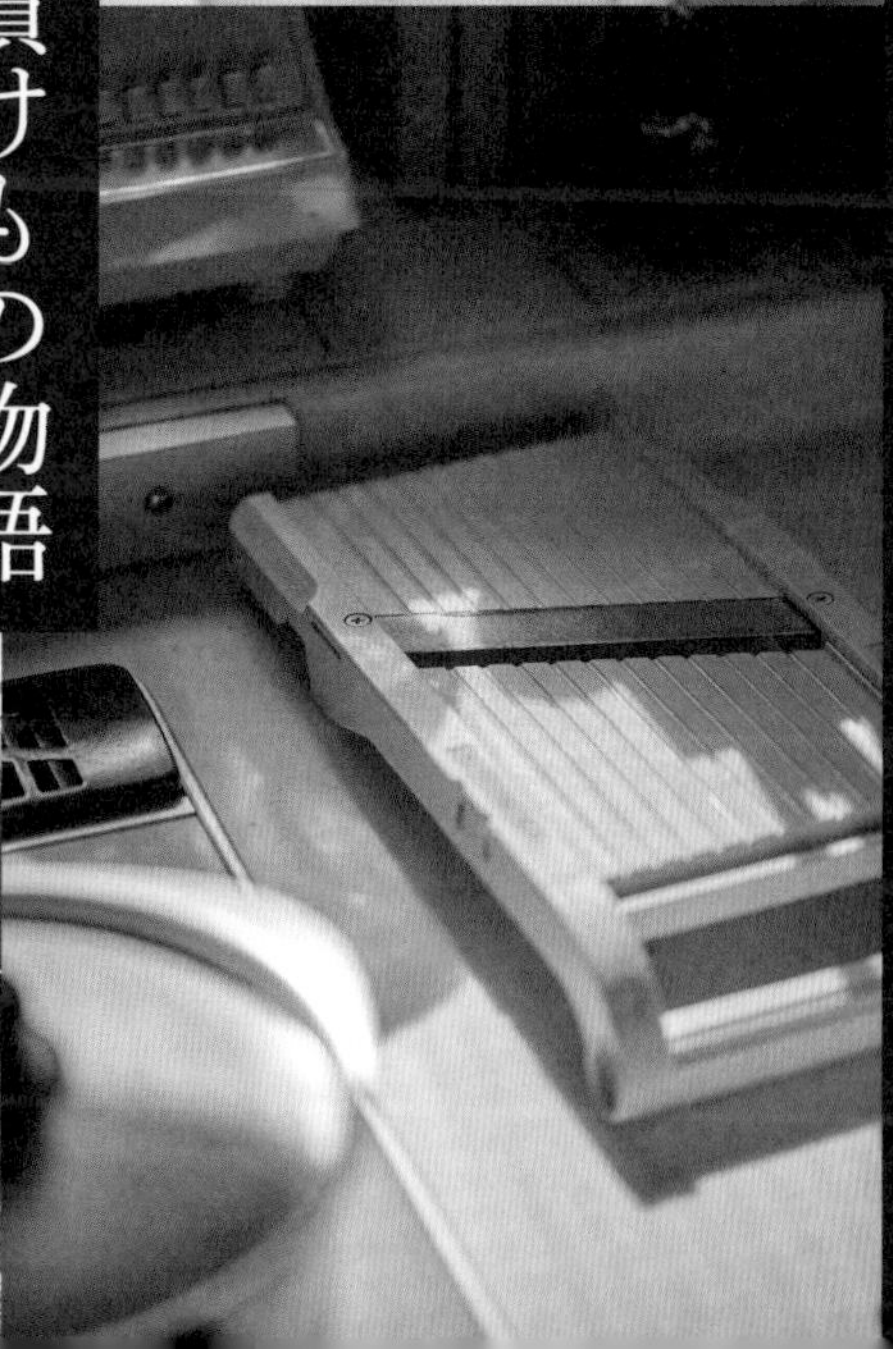

あつあつとひんやりの相性を楽しむお昼どき

冬場は、とにかく温かいめん類が恋しくなるから、おだしをつねにストックしておいて、いつでも食べられるようにしています。好きでよく作るのが、きつねうどん。具材がお揚げさんと九条ねぎだけと、ごくシンプルなおうどんなので、野菜の小鉢を付ける感覚でお漬けものを添えていただきます。あつあつのおうどんをすすっては、ひんやり冷たいお漬けものでお口の中をクールダウン。そしてまた熱いおつゆをすすってと、とにかくよく合うのです。寒い時季のお漬けものならなんでも合いますが、細切り白菜漬けがある時に作るのが、ゆず果汁と油としょうゆでさっと和えて、おかかをぱらりとかけたもの。ひと手間かけるだけで、さっぱり味の和えもののようなサラダに変身します。おうどんだけだと味も食感も単調になりがちですが、お漬けもののパリポリ食感とみずみずしさがいいアクセントになり、箸が進みます。

細切り白菜漬けとおかかのサラダ

細切り白菜漬け(p.24) ひと握り分の汁気を軽く絞り、ゆず果汁(または酢)、油各小さじ1としょうゆ少々でさっと和える。器に盛り、かつお削り節少々をかける。

きつねうどん

◎ 作り方はp.78参照。

お漬けものにオリーブオイル、コクもうまみも別次元のサラダに

ベランダの植物が賑わう初夏の頃、剪定を兼ねてローズマリーの収穫をします。お料理にも使いますが、薄紫の小さなお花がかわいいから、コップに挿して飾ったり、束ねてスワッグにしたりと部屋のあちらこちらに置いて香りを楽しみます。そんな時季に食べたくなるのが香ばしく焼いたローズマリーチキン。鶏肉に下味をつけてから、ローズマリーと一緒にマリネして、皮目をカリッと焼き上げます。サイドディッシュは、ローズマリーの香りの邪魔をしない、かぶのサラダです。鶏をじっくり焼いている間に、かぶの刻み漬けをレモン汁とオリーブオイルで和え、赤いミニトマトを添えれば、イタリアンカラーのサラダのできあがり。カリッと焼いたパンと冷えた白ワインを用意すれば、楽しいランチタイムの始まりです。

ローズマリーチキン

◎ 作り方はp.78参照。

かぶのイタリアンサラダ

かぶの刻み漬け(p.32) 1カップ分をオリーブオイル小さじ2、レモン汁小さじ$\frac{1}{2}$で和え、器に盛り、ミニトマトを添える。

カレーにはコールスローサラダがわが家の定番

スパイスをたくさん使ったインドカレーの時は、タンドリーチキンや野菜のサブジといったサイドディッシュも食べたくなるけれど、カレー粉で作るシンプルなカレーの時は、サラダさえあれば満足！　と思うのはわたしだけでしょうか。わが家では、カレーライスの時のサラダといえば、コールスロー。細切りキャベツで作ったり、せん切りのにんじんやマヨネーズを入れたりと、その日の気分で多少のアレンジはしますが、欠かせないのがひきたてのこしょうです。ガリガリと粗くひいたこしょうがキャベツの甘みとよく合うから、ちょっと多めに入れるのがお気に入り。コールスローは、できたてよりも少し時間が経ってしんなりとしたほうがおいしいので、塩玉キャベツが仕込んであったらしめたもの。オリーブオイルと酢で和えるだけで、味なじみのいいコールスローがすぐにできあがります。カレーライスと混ぜながら食べてもおいしいから、わが家では、ワンプレートに盛り付けていただきます。

塩玉キャベツのコールスロー

塩玉キャベツ(p.20)ひとつかみ分の汁気を軽く切り、オリーブオイル小さじ2と酢小さじ1、粗びき黒こしょう適量で和える。

トマトチキンカレー

◎ 作り方はp.78参照。

トマトチキンカレー

材料と作り方(作りやすい分量)

1 鶏手羽元600gに塩小さじ2、酒大さじ2、おろしにんにくとおろししょうが各小さじ1、カレー粉大さじ2を合わせてもみ込み、1時間ほどおく。

2 玉ねぎ2個は縦半分に切ってから、横薄切りにする。じゃがいも3個は皮をむき、ひと口大に切る。

3 蓋ができる厚手の鍋に油小さじ2をひき、1の鶏肉を調味料ごと入れて、中火で肉の表面の色が変わるまで炒める。玉ねぎを加えてさっと炒め、酒1/4カップ、ホールトマト1缶をつぶして加え、蓋をする。

4 蓋の隙間から蒸気が出てきたら弱火にして30分ほど煮る。蓋を取って底から混ぜ、じゃがいもを加えてもう一度蓋をして30分ほど煮る。

5 トマトがなじみ、じゃがいもに火が通ったらウスターソース大さじ1を加えて5分ほど煮る。最後に塩で味を調える。

きつねうどん

材料と作り方(1人分)

1 鍋に昆布とかつおのだし350mℓを入れ、酒とみりん各小さじ2、薄口しょうゆ大さじ1、塩小さじ1/4を加えて火にかける。

2 1cm幅に切った油揚げ(1/2枚分)と1cm厚さの斜め切りにした青ねぎ(1本分)を1に加えて温める。別にゆでたうどん(適量)をどんぶりに盛り、つゆを具材ごと注ぎ入れる。

ローズマリーチキン

材料と作り方(2人分)

1 鶏もも肉1枚(300g)を半分に切り、塩小さじ1/2とおろしにんにく少々をすり込んでから、オリーブオイル小さじ1、ローズマリー2枝と一緒にポリ袋に入れて30分ほどおいてなじませる。

2 フライパンにオリーブオイル小さじ1を熱し、1の鶏肉を皮目から焼く。脂が出始めたら弱火にし、出てきた脂をキッチンペーパーなどで拭き取りながら皮目をパリッと焼く。裏返して火を通し、器に盛る。

きょうから ぬか漬け

2章

食卓が賑わい、ごはんの時間が楽しみに

子どもの頃から、母が漬けるきゅうりやなすのぬか漬けが大好きでした。

手軽にできる塩漬けなどは、ひとり暮らしを始めた頃から漬けていましたが、ぬか漬けはちょっとハードルが高くて手を出せずにいました。

そんな時、仲良しのお隣さんが、「ぬか漬け始めてみない？」と、常滑焼《とこなめやき》のかめを譲ってくれたのがきっかけで、ぬか床とのお付き合いが始まりました。母の味をなんとなく思い出しながら、漬けること二十数年…。手入れが行き届かず、もうダメかも…と思うような状態になったことが幾度となくありましたが、その都度、なんとか蘇生させて復活！　今では、自分なりの手入れの仕方が身につき、今日もこうやってつやつやのおいしいぬか漬けをいただいています。

始めるまでは、ぬか床のお手入れにハードルの高さを感じるかもしれませんが、混ぜるだけなら1分もかかりません。留守にする時や真夏の室温が高い時は、冷蔵庫に入れて発酵を抑えるようにすれば、毎日混ぜなくてもいいなど、続けていくうちにコツがつかめるようになります。なんといっても、ぬか床を混ぜて、野菜を漬けるだけのシンプルな工程で、煮炊きせずとも、季節感あふれる彩り豊かな野菜料理がひと品できるのですから！　これほどかんたんで魅力的なお料理はほかにありません。

中途半端に残った野菜も、新鮮なうちにぬか床に入れてしまえば、おいしく無駄なく食べ切れて、フードロスの削減につながります。さらに発酵食品であるぬか漬けからは、身体がよろこぶ乳酸菌やビタミンB群なども摂れるといううれしいおまけ付き。ぬか漬けを始めてみたら、いつの間にか、わが子のようにかわいくなってお手入れするのが楽しみになると思います。

必要な材料は、ぬかと塩と野菜だけ。

あとは、時間とあなたの手がおいしくしてくれます。

ぬか床を仕込む

ぬか漬け作りは、ぬかに水と塩などを混ぜて、ぬか床を仕込むことから始まります。ぬかとは、玄米を白米に精米する時に出る胚芽と種皮が混じった粉のこと。これを「生ぬか」と呼び、それを加熱処理したものが「炒りぬか」です。生ぬかは日持ちがしないので、お米屋さんに頼んで購入するとよいでしょう。炒りぬかは、スーパーなどで購入できます。

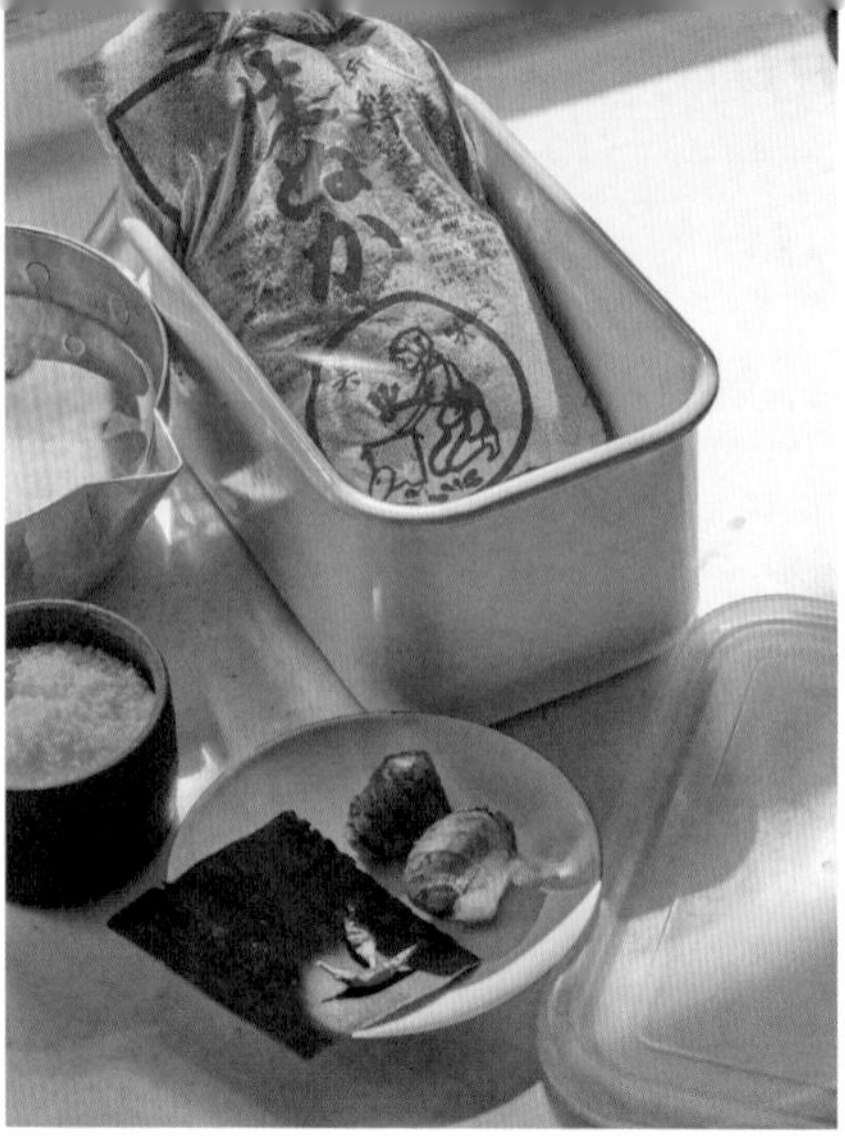

材料　容量5.8ℓの容器に適した分量

生ぬか(または炒りぬか) … 1kg
塩 … ぬかの重さの15%(150g)
水 … 約1.1ℓ
昆布(10㎝四方) … 1枚
赤唐辛子 … 2本
しょうが(皮をむいてざく切り) … 2かけ分
捨て漬け用の野菜くず* … 適量

＊白菜やキャベツの芯や外葉、大根、かぶ、にんじんの皮や株元など。水分が多くて甘みのあるものがおすすめ。

ぬか床豆知識

◎生ぬかと炒りぬか
風味よく仕上がる生ぬかがおすすめ。入手が難しければ炒りぬかを使う。ぬか床は育てていく過程で発酵して菌のバランスが整うので、長い目で見ればどちらでも。

◎塩の分量
塩の基本量はぬかの15%。この強い塩分が捨て漬け野菜の水分を引き出し、ぬか床の風味を豊かにしながら発酵を促す。

◎水の分量
ぬかに混ぜる水の量は使うぬかの状態で変わり、炒りぬかならやや多めに必要。材料欄の水の量は目安であり、混ぜた時のぬかの状態で判断する。

仕込み方

1

鍋に分量の水と塩を入れ、ひと煮立ちさせて塩を溶かし、冷ます。

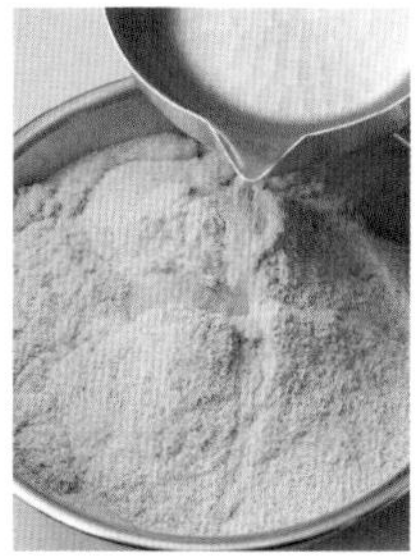

2

大きなボウルに生ぬかを入れ、冷めた1を少しずつ注ぎ入れ、混ぜていく。

3

混ぜ上がりの目安は、手で握るとしっかりと固まるくらい。

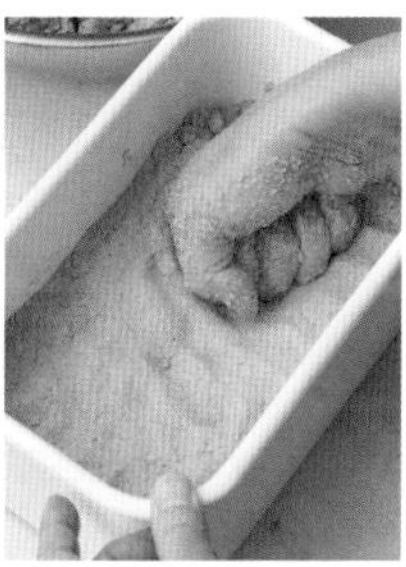

4

清潔なぬか漬け用容器に入れ、こぶしで押さえて空気を抜きながら詰めていく。

5

うまみ出しの昆布を埋め込む。

6

ヘタを取った赤唐辛子、しょうがを埋め込む(風味付けと殺菌の役割)。

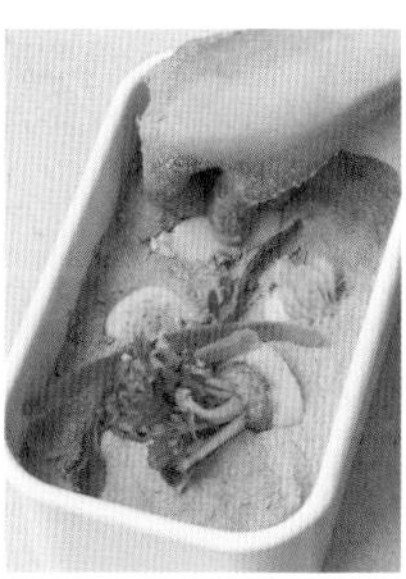

7

捨て漬け用の野菜はきれいに洗って水気を切り、かたよりなく埋め込む。

8

表面をこぶしで押さえて空気を抜く。平らにならして容器の内側に付いたぬかをキッチンペーパーできれいに拭き取る。

＜完成まで＞ 蓋をして常温に置き、1日2回、底から返すように全体を混ぜて新しい空気を送り込む。捨て漬け野菜がしなびたら、新しいものと入れ替える。

○ 以上を7〜10日ほど繰り返すうちにぬか床が発酵し、匂いが仕込み始めの時とは変わってくる。捨て漬け野菜を少量食べてみて、酸味とうまみが出ていたら仕込み上がり。捨て漬け野菜をすべて取り出す。

ぬか漬け〈基本の漬け方〉

ぬか漬けは野菜の下準備が肝心です。野菜の大きさや形、皮の厚さに応じて漬かりやすいように包丁を入れ、塩をすり込んでアクを軽く抜いてから漬けます。

野菜の下準備

1 野菜はきれいに水洗いする。

2 大根やかぶなど葉付きの根菜は葉を切り落とす。変色したり傷んでいる葉は取り除く。

3 長すぎて容器に入らないものは漬けやすい長さに切る。太いものや中まで味がしみにくいものは半割り～四つ割りにする。

4 皮が厚くて味がしみにくいもの、にんじんなど変色しやすいものは皮をむいてもよい。

5 塩をすり込む。これは野菜の表面を粗く傷つけると漬かりやすくなるため。アクの強い野菜のえぐみ取りの効果もある。なすは色よく仕上がる。

6 塩をしてしばらくおくと、水分がしみ出す。えぐみやアクも含まれているので手で軽くしごき取る。

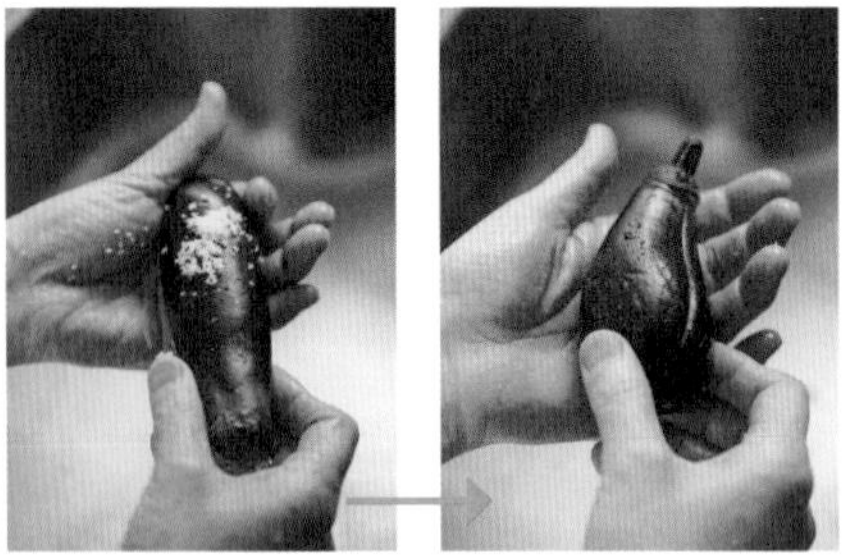

◎なす

ガクをぐるりと切り取り、塩を皮から色素がにじみ出すまでしっかりとすり込む。縦に一周、皮にごく浅く包丁で切り目を入れると、より早く漬かる。

◎きゅうり

青くさくてアクが強いきゅうりは、塩が全体になじむように手で軽くしごくようにしてすり込み、しみ出した水分ごとえぐみを取る。

漬け方

1

下準備が終わった野菜を入れる前に、手でぬか床を底からしっかりと混ぜ、空気を抜くようにしっかり押さえて平らにならす。

2

野菜を押し込むようにしてぬか床へ埋める。

3

入れ終わったら表面を平らにならし、容器の内側に付いたぬかをキッチンペーパーできれいに拭き取る。蓋をして常温に置き、夏は１日に１～２回、冬は１回混ぜる。

取り出し方

漬かった野菜を取り出す前に、ぬか床の匂いや状態を確認しましょう。手はつねに清潔に。手に傷があったり手荒れがひどい場合は、調理用手袋をしたり、清潔なゴムべらなどを使います。

1

食べ頃の野菜を取り出す。慣れないうちは、試しに切って食べてみるといい。

2

野菜の表面についたぬかは、ぬか床の上で軽く落とす。

3

流水でぬかを洗い流す。ごしごしとこする必要はなく、さっと流すだけで十分。

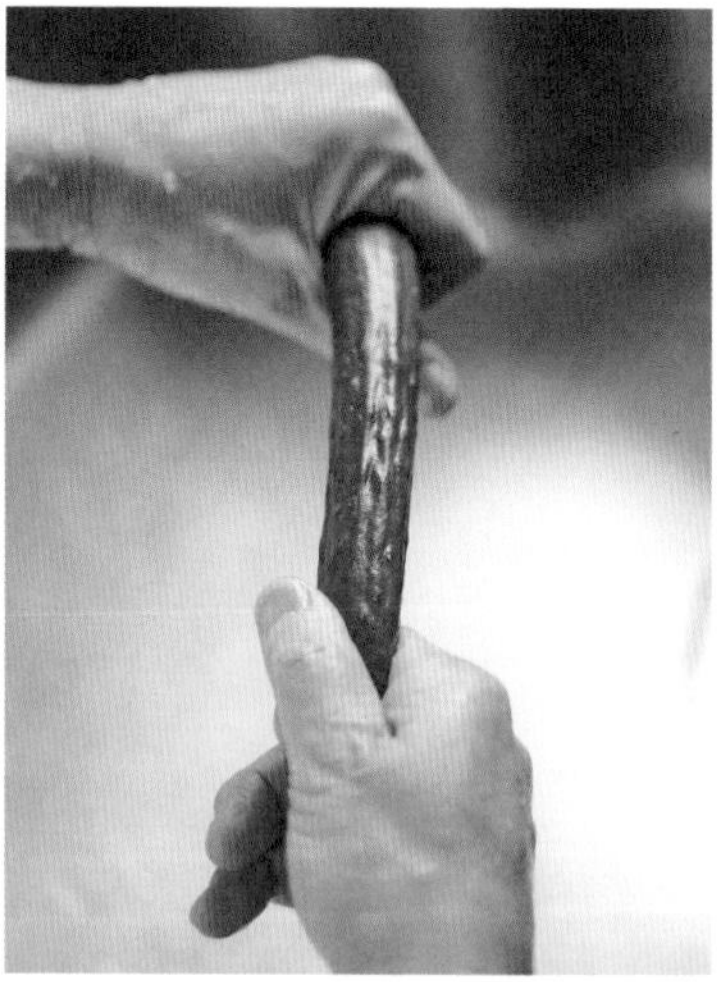

4

野菜の水気は手で切る。ピンとハリがあった野菜も、ぬかの作用でしんなりとしなる。

ぬか床のお手入れ

野菜を繰り返し漬けていくうちに、ぬか床は水分が増えてゆるくなり、塩分が薄まります。そのままにしておくと発酵しすぎて酸っぱくなりすぎたり、菌のバランスが崩れて腐敗菌が増えたりすることも。定期的にお手入れをして、おいしいぬか床に育てましょう。

◎足しぬかをする

繰り返し漬けるうちにぬか床は減っていく。減ってきたらぬかを足し、底からよく混ぜて全体を均一な状態にする。

◎塩を足す

ぬか床の塩分も野菜に移って少しずつ減り、足しぬかをすることでも塩分濃度は下がるため、塩も定期的に足す。足したあとはよく混ぜて塩を全体にゆきわたらせる。

◎ ぬか床がゆるくなってきたら

ぬか床の真ん中をくぼませて、蓋をして常温に数時間おく。くぼみにたまった汁はすくって捨ててもいいし、ぬか床の量が減っているようなら、足しぬかをしてぬかに水分を吸わせてもいい。

◎しばらく休ませる

多めに足しぬかをしたり、ぬか床の発酵力が落ちてきたら、野菜を漬けずに混ぜることだけを繰り返したり、捨て漬けをしたりしてぬか床の状態を戻す。

ぬか漬けに向く野菜

ぬか漬け向きの旬の野菜で、比較的手に入りやすい代表的なものを挙げました。それぞれの下準備もあわせてご紹介します。写真は浅漬け後の水洗いした状態です。切り方など参考にしてください。

ぬか床豆知識

野菜の種類や水分量、置き場所の温度や湿度などで漬かる速さは変わる。夏季ならきゅうりは4〜5時間、なすは8〜10時間で浅漬けになる。冬季はその倍くらい。冷蔵庫ならさらに時間がかかる。

◎春〜夏の野菜

◎秋〜冬の野菜

春〜夏

きゅうりやなすなど果菜類のおいしい時季到来。
写真の野菜以外に白瓜やすいかの皮(かたい緑の部分はむき取る)もおすすめです。

◎ パプリカ
半割り〜四つ割りにしてヘタと種を取り、塩を軽くすり込む。

◎ きゅうり
塩をしっかりすり込んでアクをしごき取る。

◎ ズッキーニ
縦半分に切って塩をしっかりすり込み、アクをしごき取る。

◎ なす
縦にぐるりと浅い切り目を入れ、皮に傷がつくまで塩で強くこする(色素が手に移るくらい)。

◎ 新しょうが
皮をむいて塩をしっかりすり込む。

◎ セロリ
すじを取り、塩を軽くすり込む。

◎ みょうが
縦に深く切り込みを入れて塩を軽くすり込む。

秋〜冬

根菜や葉ものがおいしくなる季節。長いもはくせになる味わいです。
大きなものは容器に入れやすいサイズに切って。

◎ しょうが
皮をむいて塩をしっかりすり込む。

◎ キャベツ
六〜八つ割りにして葉と葉の間にぬか床をまぶす(塩はしない)。

◎ かぶ
茎の根元を2cm残して葉は切り落とす。実は縦に深く切り込みを入れて塩を軽くすり込む。葉の部分は、茎だけならそのまま、葉がたくさんついている場合は軽く塩もみする。

◎ ラディッシュ
葉付きのまま漬ける(塩はしない)。

◎ 大根・赤大根
半割りにして塩をしっかりすり込む。

◎ にんじん
皮をむいて半割りにして塩をしっかりすり込む(皮は変色しやすい)。

◎ カリフラワー
小房に分ける(塩はしない)。

◎ 長いも
細いものを選び、皮をむかずに塩をしっかりすり込む。皮のひげが長い場合はガス火で焼くとよい。

◎ 白菜
白い部分には塩を軽くすり込み、葉にはぬか床をまぶす。

もっと知りたい ぬか漬けQ&A

Q. ぬか床の置き場所は
どこがいいですか？

A. ぬか床を仕込んでから発酵が安定するまでは、20～25℃くらいの温度変化の少ない場所に置くのが理想的です。その後は、毎日のお手入れがしやすいように、台所の流しのそばに置くといいでしょう。忙しくて毎日のお手入れができない時や、真夏の室温が高い時は、冷蔵庫に入れるようにしましょう。

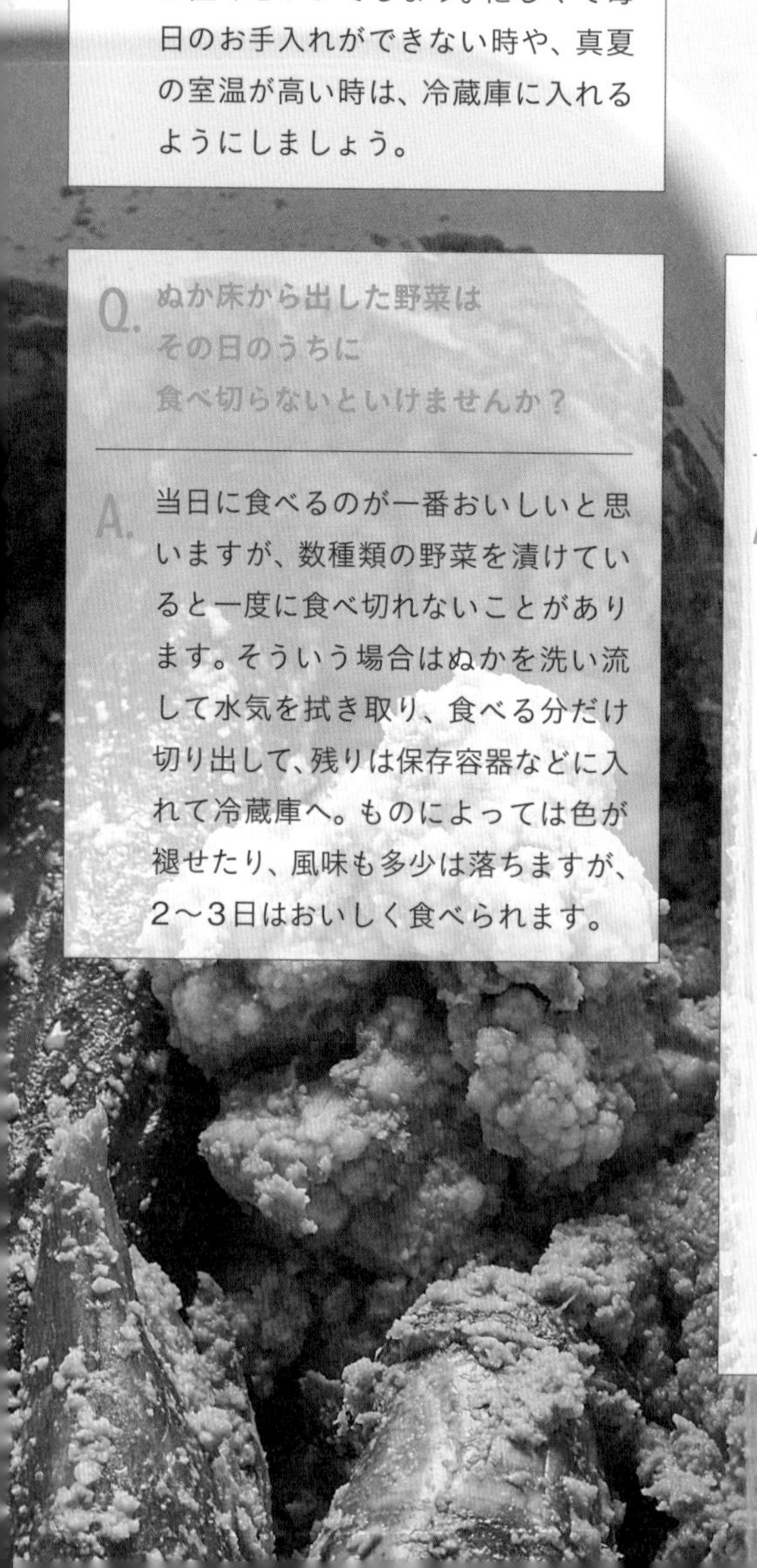

Q. ぬか床から出した野菜は
その日のうちに
食べ切らないといけませんか？

A. 当日に食べるのが一番おいしいと思いますが、数種類の野菜を漬けていると一度に食べ切れないことがあります。そういう場合はぬかを洗い流して水気を拭き取り、食べる分だけ切り出して、残りは保存容器などに入れて冷蔵庫へ。ものによっては色が褪せたり、風味も多少は落ちますが、2～3日はおいしく食べられます。

Q. 旅行で家を長期間あける時、
ぬか床はどのように
管理すればいいですか？

A. 1～2週間の場合：ぬかと塩を足して少しかためのぬか床にして冷蔵庫に入れます。帰宅後は、常温に戻して底からしっかりと混ぜ、2～3日は捨て漬けをして発酵を促します。ぬか床の調子が戻ってきたら、また野菜を漬けましょう。
長期留守の場合：ぬか床を休眠させます。ぬか床にさらに多めのぬかと塩を足して塩の利いたかためのぬか床にして、ジッパー付きの保存袋に入れ、空気をしっかり抜き、冷蔵庫のチルド室へ。帰宅後は、一度沸かして冷ました水(湯ざまし)とぬかを足して、ぬか床が元の状態になるまで捨て漬けを繰り返して発酵を促してから、再開するといいでしょう。

Q. 自分でぬか床を仕込む自信がありません。市販品などがありますか？

A. そのまますぐに漬け始められる「熟成発酵ぬか床」といった市販品も増えてきました。手軽なジッパー付きポリ袋入りや、容器とのセット（写真）なども。ぬか床にどんな材料が使われているかを確かめて、添加物不使用のものを選びましょう。日々、混ぜて漬けてを繰り返し、足しぬかをするうちに、次第にあなたの味に変化していきます。

Q. ぬか漬けは素手で混ぜなければいけませんか？

A. できれば素手で混ぜることをおすすめします。皮膚に付いている常在菌もぬか床の発酵に作用し、手で混ぜることで自分の味になっていくからです。ただ、手荒れがひどい場合や、かゆみが出てしまう場合は調理用手袋やゴムベラなどを使ってもいいでしょう。

Q. これからぬか床作りを始めます。どんな容器を選ぶといいですか？

A. 容器選びには、3つのポイントがあります。

❶素材：塩分と酸に強く、汚れがこびりつきにくく清潔に保ちやすいものを選びます。ホーローは匂いが付きにくくおすすめです。ただし、ぬか漬けを試しにやってみるのであれば、手軽なプラスチックの保存容器でいいでしょう。ホーローは続ける自信がついてからでも！

❷容量：たっぷり漬けたい人は大きめ、少量しか漬けないなら小ぶりなものを。どちらの場合も深さが重要。ぬか床が容器の6分目くらいの高さに収まるのが理想です。容器が浅いと混ぜる時にぬかがこぼれて、お手入れがしにくくなります。

❸形状：混ぜやすいのは円柱型ですが、冷蔵庫に入れて管理したい場合は角型を選びます。

写真はわたしが使っているホーロー容器（どちらも野田琺瑯）。手前は容量5.8ℓ、奥は容量7ℓ。

Q. ぬか床が苦くなってきました。
何が原因ですか？

A. きゅうりのようなアクのある野菜だけを漬け続けるとぬか床が苦くなることがあります。ほかの野菜も漬けてバランスをとりましょう。

Q. ぬか床の表面に
白っぽい膜ができました。
これはカビですか？

A. 白い膜の正体は産膜酵母というもので、乳酸菌が増えてくると現れます。うっすら程度であれば、うまみのもとでもあるので、ぬか床の味が安定していれば混ぜ込んでも大丈夫。ただし表面を覆うようにびっしり生えて、シンナー臭を感じたり、ぬか漬けの酸味が強くなりすぎているようなら、表面から1㎝ほどすくい取って捨て、ぬかと塩を足しましょう。

Q. ぬか漬けの酸味が
きつくなってきました。
抑える方法を教えてください。

A. ぬか床の塩分が薄くなって発酵が進みすぎているのかもしれません。塩を足したり、発酵を抑える働きをする粉がらしや赤唐辛子を入れて様子をみましょう。それでも酸っぱければ、ぬかを足してぬか床の味を薄めましょう。

Q. ぬか床を仕込む時に入れた
昆布やしょうが、赤唐辛子は
取り出さなくてもいいのですか？

A. 入れたままで大丈夫です。昆布や赤唐辛子は次第に崩れてぬか床に溶け込みます。しょうがは時々新しいものと入れ替えて、取り出したものは調理に使ったり、古漬けのように刻んでごまをまぶして食べたりするとおいしいですよ。

Q. ぬか床の風味足し素材には、
ほかにどんなものがありますか？

A. わたしは実山椒(ゆでてアクを抜く)やゆずの皮を旬の時季に入れています。また、ぬか床の水分が多くなってきた時には、干ししいたけを入れます。ぬか床の水分をたっぷり吸い込んだしいたけは、刻んで炒めものやスープの具材にして再活用。煮干しや梅干しを入れる人もいて、ぬか床の育て方は人それぞれです。お好みの素材があれば試してみてはいかがでしょう。

Q. ぬか床がふかふかに
膨らんできました。
このままで大丈夫ですか？

A. 塩の量が足りず、発酵力が強すぎることが原因かもしれません。塩を足してよく混ぜて様子をみてください。

Q. ぬか床が変な匂いになりました。
どうすればいいですか？

A. ツンとする匂いは、酸素が好きな産膜酵母が表面で増えすぎてしまったことが原因です。白い膜が表面を覆っていたら、表面から1㎝ほどすくって捨てましょう。くさい靴下のような匂いなら、酸素が嫌いな酪酸菌の増えすぎです。底からしっかり混ぜて新しい空気を送り込みましょう。どちらの匂いも、かき混ぜ不足や塩分と水分のコントロールがうまくできていないことで生じます。

Q. ぬか床の色が
だんだん黒っぽくなってきました。
大丈夫でしょうか？

A. なすのように色素の出やすいものばかりを漬け続けると、ぬか床の色が濃くなることがあります。気になるようなら、足しぬかをするか、しばらくその素材を漬けずに別の素材を漬けることで様子をみましょう。また、ぬかに含まれる油脂分が空気に触れて酸化すると、ぬか床の表面が黒くなることがありますが、混ぜ込んでもかまいません。

Q. しばらくお世話をサボっていたら、
ぬか床に黒や青のポツポツが。
これは何ですか？

A. 黒や青のポツポツはカビでしょう。カビは身体に害を及ぼすので、残念ですが全量捨てます。カビを生やしてしまうほど放置してしまったということは、あなたの身体がぬか漬けを欲していないのかもしれません。ぬか漬けをいったんお休みしてみて、また食べたいと思うようになったら、身体が欲している証拠。また一から始めればいいと思います。

Q. すっかり忘れていて
古漬けになったぬか漬けの
おいしい食べ方はありますか？

A. そのまま食べるには酸っぱくてしょっぱい古漬けは、薄切りや細切りにしてさっと水にさらして塩抜きし、水気をかたく絞っておろししょうがとごまで和えるのがわたしの好きな食べ方です。これが食べたくて古漬けにすることもあるほど。塩抜きせずに細かく刻んで焼き飯の具にしてもおいしいですよ。

ぬか床の中で何が起こっている？

ぬか漬けは優れた発酵食品です

① ぬかは野菜をおいしくする調味料

ぬかはビタミンB群、ミネラル、食物繊維、油脂分を含む栄養豊富な食材。そこに野菜を漬けることでぬかの風味が移り、塩やしょうゆなどでは醸しえない独特なおいしさが生まれる。ぬか漬けは野菜とぬかの栄養を同時に摂れるうえ、発酵によって生じた乳酸菌なども摂れていいことずくめ。

② 発酵の仕組み

発酵したぬか床は、野菜やぬかにもともと付いていた乳酸菌などの菌や酵母、あなたの皮膚や台所道具などに付いてる常在菌など、たくさんの菌がうごめく発酵ワールド。その中には、ぬか漬けにとってよい菌と悪い菌(カビや悪い匂いを生む腐敗菌)が共存し、完全な無菌状況下でないかぎり、悪い菌を排除するのは不可能。大切なのは、よい菌の勢力を優勢にし、その力で悪い菌が増えないようにコントロールすること。毎日底からしっかりと混ぜ、少ししょっぱいくらいの塩分濃度を保ち、よい菌の養分となる糖分と水分(どちらも野菜から出る)を補うお世話をすることでコントロールできる。

③ ぬか床はサステナブル

適切にお手入れされているぬか床は、数十年、数世代にわたって使い続けることができる究極のサステナブル食品。お手入れをしないとあっという間に悪くなるけれど、日々野菜を漬けて、足しぬかなどをしていけば、ぬか床はほんの少しずつ新しいものに置き換わっていく。この絶え間ない更新と、悪い菌を増やさず、増えたら即座に減らすことが、長く使い続ける秘訣。

3章

洋のピクルス
アジアのお漬けもの

ミックス野菜のピクルス

中途半端に残った野菜の使い切りレシピとして、おすすめしたいのがピクルス。日持ちがするからたっぷり仕込みましょう。

材料

紫玉ねぎ、パプリカ、かぶ、カリフラワー、
セロリ、にんじん＊… 合わせて300g
にんにく … 1かけ

Ⓐ

酢・水 … 各250㎖
塩 … 小さじ2
砂糖 … 大さじ2
ローリエ … 1〜2枚
コリアンダーシード … 小さじ1
粒黒こしょう … 小さじ½

＊好みの野菜でOK。生でも食べられて歯ごたえのよいものがおすすめ。

漬け方

1 紫玉ねぎは1㎝幅のくし形切り、パプリカはヘタと種を取って1㎝幅の縦切りにする。かぶは茎を少し残し、皮をむいて1㎝幅のくし形切り、カリフラワーはひと口大の小房にする。セロリはすじを取って5㎝長さ、1㎝幅の拍子木切り、にんじんは皮をむいてセロリと同じサイズに切る。にんにくは6等分くらいに切る。

2 清潔な耐熱保存びんに**1**をなるべく隙間ができないように、ランダムに詰めるⓐ。

3 鍋に**Ⓐ**を入れてひと煮立ちさせ、弱火で1〜2分煮るⓑ。

4 熱々の**3**を**2**に注ぎ入れるⓒ。ラップで落とし蓋をしてⓓ、常温で粗熱がとれるまで漬ける。その後はびんの蓋をして冷蔵庫へ。翌日からが食べ頃。

賞味期間

1か月を目安に食べ切る。

ⓐ

ⓑ

ⓒ

ⓓ

たまごサンドのピクルス

大好きなたまごサンドがすぐに食べられるように、ゆで卵ときゅうり、玉ねぎをまとめてピクルスにしました。もちろんそのまま食べてもおいしいですよ。

こんな料理に使えます

ピクルスたまごのオープンサンド

◎ 作り方はp.104参照。

材料

ゆで卵(固ゆで) … 5個
玉ねぎ … 1個
きゅうり … 1と$\frac{1}{2}$本
ディル … 2枚

Ⓐ
- 酢・水 … 各250mℓ
- 砂糖 … 大さじ1
- 塩 … 小さじ2
- ローリエ … 1枚
- マスタードシード … 小さじ1
- 粒黒こしょう … 小さじ$\frac{1}{2}$

ⓐ

漬け方

1 玉ねぎはバラバラにならないように根元を残して12等分のくし形切りにする。きゅうりは3㎝幅に切る。

2 清潔な耐熱保存びんに、ゆで卵と**1**、ディルをなるべく隙間ができないようにランダムに詰める。

3 鍋にⒶを入れてひと煮立ちさせ、弱火で1分ほど煮るⓐ。

4 熱々の**3**を**2**に注ぎ入れ、ラップで落とし蓋をして常温で粗熱がとれるまで漬ける。その後はびんの蓋をして冷蔵庫へ。翌日からが食べ頃。日が経つにつれてゆで卵の水分が抜けて締まってくる。

賞味期間

1か月を目安に食べ切る。

うずら卵とカリフラワーのカレーピクルス
ミニトマトのピクルス

カリッとした食感のカリフラワーとやわらかいうずら卵を漬けたカレー味のピクルスは、ビールのおつまみにぴったり。はちみつがほんのり香るミニトマトのピクルスは、食後のお口直しや、ミントを散らしてデザートにしても。

ミニトマトのピクルス

材料

ミニトマト … 25個(300g)

❹

- 酢 … 120mℓ
- 水 … 150mℓ
- レモンの果汁 … 大さじ1
- 塩 … 小さじ1/2
- はちみつ … 大さじ1

漬け方

1 ミニトマトはヘタを取り、沸騰した湯に入れて皮がめくれたらすぐに引き上げⓐ、冷水にとる。皮をむきⓑ、清潔な耐熱保存びんに詰める。

2 鍋に❹を入れ、ひと煮立ちさせて塩とはちみつを溶かす。熱いうちに1に注ぎ入れる。ラップで落とし蓋をして常温で粗熱がとれるまで漬ける。その後はびんの蓋をして冷蔵庫へ。翌日からが食べ頃。

賞味期間

10日を目安に食べ切る。

ⓐ

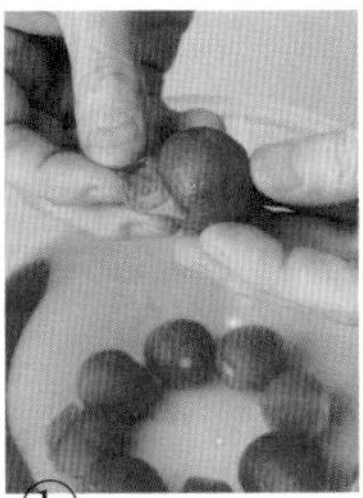

ⓑ

うずら卵とカリフラワーのカレーピクルス

材料

うずら卵の水煮 … 12個

カリフラワー … 1/4個(130g)

しょうが … 1/2かけ

にんにく … 1/2かけ

❹

- 酢・水 … 各3/4カップ
- 塩 … 小さじ2/3
- 砂糖 … 大さじ1
- カレー粉 … 小さじ1
- 粒黒こしょう … 小さじ1/2

漬け方

1 カリフラワーは食べやすい大きさの小房に分ける。しょうがとにんにくは薄切りにする。

2 清潔な耐熱保存びんに、うずら卵の水煮と1をなるべく隙間ができないように、ランダムに詰める。

3 鍋に❹を入れてひと煮立ちさせ、弱火で1分ほど煮る。熱いうちに2に注ぎ入れ、ラップで落とし蓋をして常温で粗熱がとれるまで漬ける。その後はびんの蓋をして冷蔵庫へ。翌日からが食べ頃。日が経つにつれて、うずら卵の水分が抜けて締まってくる。

賞味期間

1か月を目安に食べ切る。

◎ 2つのピクルスのアレンジ料理は、p.104、105参照。

ハラペーニョのピクルス
パプリカのピクルス

ハラペーニョのピクルスは、肉料理やサルサ作りに欠かせません。パプリカのピクルスは、そのまま食べても、色がきれいなので刻んでソース代わりに使っても。

パプリカのピクルス

材料

パプリカ(赤・黄)… 大2個(360g)

Ⓐ

酢・水 … 各150mℓ
塩 … 小さじ1
砂糖 … 大さじ1

漬け方

1 パプリカは種とヘタを取って、1cm幅の縦切りにする。清潔な耐熱保存びんになるべく隙間ができないように詰める。

2 鍋にⒶを入れ、ひと煮立ちさせて塩と砂糖を溶かす。熱々を**1**に注ぎ入れ、ラップで落とし蓋をして常温で粗熱がとれるまで漬ける。その後はびんの蓋をして冷蔵庫へ。翌日からが食べ頃。

賞味期間

1か月を目安に食べ切る。

ハラペーニョのピクルス

材料

ハラペーニョ … 6本

Ⓐ

酢・水 … 各100mℓ
塩 … 小さじ$\frac{2}{3}$
砂糖 … 大さじ$\frac{2}{3}$
にんにく(6〜8等分に切る) … 1かけ分

漬け方

1 ハラペーニョはヘタを切り落とし、5mm幅の輪切りにする。清潔な耐熱保存びんになるべく隙間ができないように詰める。

2 鍋にⒶを入れ、ひと煮立ちさせて塩と砂糖を溶かし、熱々を**1**に注ぎ入れる。ラップで落とし蓋をして常温で粗熱がとれるまで漬ける。その後はびんの蓋をして冷蔵庫へ。3日目以降が食べ頃。日が経つにつれて色が褪せる。

賞味期間

1年を目安に食べ切る。

◎ 2つのピクルスのアレンジ料理は、p.105参照。

Arrange Note

ミニトマトのピクルスで

ミニトマトのピクルスサワー

材料と作り方(1人分)

ミニトマトのピクルス(p.100) … 4～5個
ミニトマトのピクルスの漬け汁 … 適量
焼酎(またはウォッカなど) … 適量
氷 … 適量
炭酸水 … 適量

1 グラスにミニトマトのピクルスとその漬け汁を入れる。

2 焼酎を好みの量注いで氷を加え、炭酸水で割る。混ぜてミニトマトをつぶしながら飲む。

たまごサンドのピクルスで

ピクルスたまごのオープンサンド

材料と作り方(2人分)

たまごサンドのピクルス(p.98)より
ゆで卵 … 2個　玉ねぎ … 2切れ
きゅうり … 2切れ
好みのパン(スライス) … 2枚
Ⓐ
マヨネーズ … 大さじ2
塩・こしょう … 各少々
粒マスタード … 小さじ1

1 ピクルスはすべて汁気を拭き取り、粗みじん切りにしてボウルに合わせる。

2 Ⓐを加えて混ぜ合わせ、トーストしたパンにのせる。

うずら卵とカリフラワーのカレーピクルスで

カレーピクルスのピンチョス

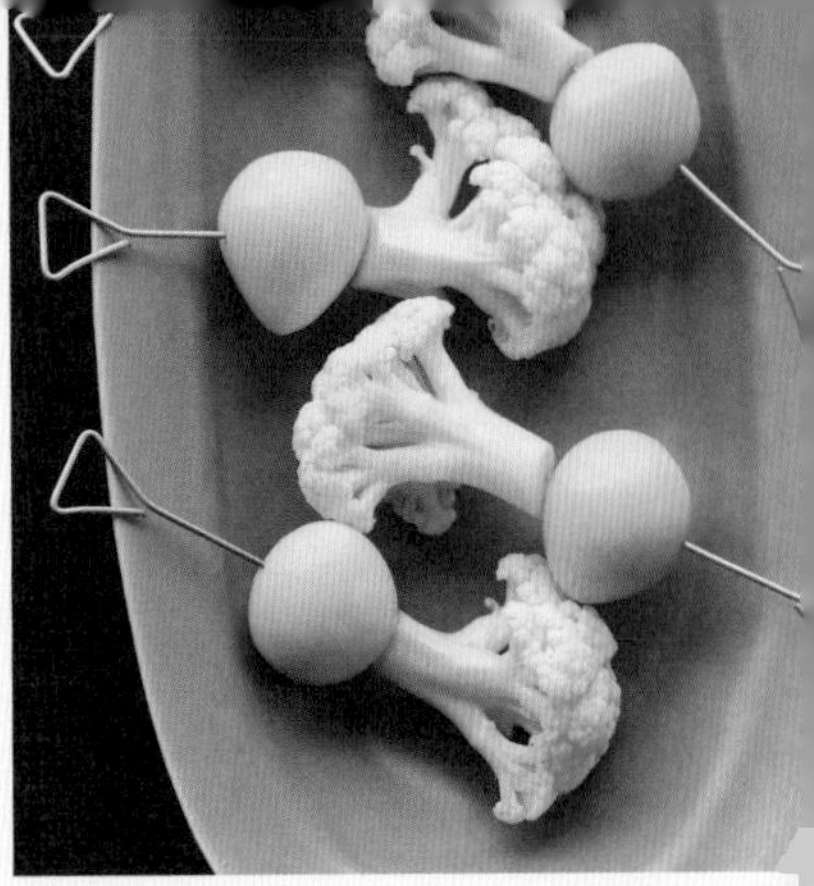

材料と作り方(6本分)

うずら卵のカレーピクルス(p.100) … 6個
カリフラワーのカレーピクルス(p.100) … 小房6個

うずら卵とカリフラワーのカレーピクルスを姿形よくピックに刺す。

パプリカのピクルスで

たことパプリカのカルパッチョ

材料と作り方(2人分)

ゆでだこの足 … 1本
パプリカのピクルス(p.102) … 3〜4切れ
イタリアンパセリ … 適量
ケイパー(酢漬け) … 適量
オリーブオイル … 適量

1 ゆでだこは薄切りにして皿に並べる。

2 パプリカのピクルスとイタリアンパセリはそれぞれ刻む。

3 1の上に2とケイパーを散らし、オリーブオイルを回しかける。

ハラペーニョのピクルスで

スパイシーホットドッグ

材料と作り方(2人分)

好みのソーセージ … 大ぶり2本
コッペパン … 2個
トマトケチャップ … 適量
粒マスタード … 適量
ハラペーニョのピクルス(p.102) … 適量

1 ソーセージはフライパンかグリルで焼く。

2 コッペパンに切り目を入れて1をはさみ、トマトケチャップと粒マスタードを絞り、ハラペーニョのピクルスを好みの量のせる。

水キムチ

塩漬けした野菜を米のとぎ汁で乳酸発酵させた水キムチは、汁ごといただく韓国のお漬けもの。さわやかな酸味で、食欲がない時や、二日酔いの時にもおすすめです。

こんな料理に使えます

水キムチそうめん

水キムチの漬け汁を薄口しょうゆ少々で味を調え、冷水で締めたそうめんにかけ、水キムチと炒り白ごまをのせるだけ。

材料

きゅうり … 1本(100g)
大根 … 1/6本(200g)
にんじん … 1/3本(50g)
塩 … 野菜の合計正味量の3%(10.5g)

A
- 米のとぎ汁* … 4カップ
- 塩 … 小さじ2(約12g)

りんご(または梨) … 1/4個
細ねぎ … 4本
にんにく … 1かけ
しょうが … 1かけ
赤唐辛子 … 1/2本

＊一番最初の白濁したとぎ汁ではなく、2回目以降の少し澄んだものを使う。

ⓐ

ⓑ

ⓒ

ⓓ

漬け方

1　きゅうりは5㎜厚さの斜め切り、大根は皮をむいて5㎜厚さのいちょう切りにする。にんじんは皮をむいて縦半分に切り、3㎜厚さの斜め切りにする。

2　〈下漬け〉1と塩をポリ袋に入れ、振り混ぜて塩をなじませる。しんなりしたら空気を抜くようにして口を閉じⓐ、重石をのせて常温で水分が出てくるまで1〜2時間漬ける。

3　鍋に**A**を入れⓑ、ひと煮立ちさせて塩を溶かし、冷ます。

4　りんごは皮をむいて5㎜厚さのいちょう切り、細ねぎは5㎝長さに切り、にんにくは薄切り、しょうがはせん切りにする。赤唐辛子は種を取る。

5　2の野菜をさっと水で洗い、水気をしっかり切る。

6　〈本漬け〉清潔な保存びんに5と4をランダムに入れⓒ、3を注ぎ入れるⓓ。ラップで落とし蓋をして、びんの蓋を軽く閉めて常温で1〜2日漬ける(夏季で室温が高ければ半日ほど)。

7　ラップの裏側に泡がたくさん付き、漬け汁に酸味が出始めたら食べ頃。その後は冷蔵庫へ。

賞味期間

1週間くらいで食べ切る。

さっぱりキムチ
白菜（上）・キャベツ（下）

アミの塩辛の代わりにちりめんじゃこを使い、にんにく控えめで仕上げたキムチです。浅漬けはもちろん、乳酸発酵が進んだ古漬けもおいしいので、たっぷり仕込みましょう。

ⓐ

ⓑ

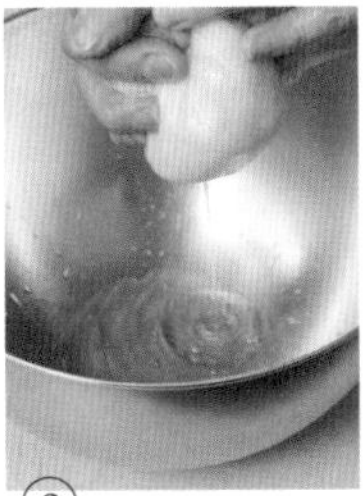
ⓒ

ⓓ

材料

白菜 … 1/4株(600g)
またはキャベツ … 1/2個(600g)
塩 … 白菜またはキャベツの正味量の3% (18g)
にら … 1/4把(25g)
長ねぎ … 10cm
炒り白ごま … 小さじ1〜2

キムチのもと(作りやすい分量)
りんご(皮をむいて芯を取る) … 100g
しょうが … 1/2かけ
にんにく … 1/2かけ
ちりめんじゃこ … 20g
ナンプラー … 大さじ1
水 … 大さじ1
砂糖 … 大さじ1
赤唐辛子粉*(粗びき) … 大さじ2
赤唐辛子粉*(細びき) … 大さじ1
* 辛さが控えめで甘みのある韓国産を使用。

漬け方

1 〈下漬け〉白菜またはキャベツは芯を切り落とす。4〜5cm角に切り、水洗いしてざるにあげ、ボウルに入れて塩をまぶし、混ぜて塩を全体にまわす。5分ほどおいてしんなりしたら、野菜の上下を返して塩をむらなくなじませる。ポリ袋に入れて空気を抜くようにして口を閉じ、重石をのせて常温で1日漬ける。

2 〈キムチのもとを作る〉赤唐辛子粉以外の材料をフードプロセッサーに入れⓐ、なめらかなペースト状になるまで撹拌し、赤唐辛子粉を加えⓑ、再び撹拌して混ぜ込む。

3 1を2〜3回水洗いする。数回に分けて、さらしに包んで絞り、汁気を切るⓒ。

4 にらは6cm長さに切り、長ねぎは縦半分に切って5mm厚さの斜め切りにする。

5 〈本漬け〉3と4をボウルに入れ、ごま、2を大さじ3〜4ほど加えてもみⓓ、全体をなじませる。すぐに食べてもいいし、ポリ袋に入れてさらに常温で半日ほど漬けたのちに冷蔵庫でねかせてから食べてもいい。2週間ほどで酸味が出てくる。

賞味期間

1か月を目安に食べ切る。

Arrange

さっぱりキムチでもっとおいしく

白菜のさっぱりキムチで

さばキムチのみそバタ汁

うまみたっぷりのさばの水煮とキムチを使えば、だし要らず。バターのコクと豆腐のボリュームでおかずのようなみそ汁に。

材料と作り方(2人分)

さばの水煮 … 1缶(170g)
白菜のさっぱりキムチ(p.108) … 100g
もめん豆腐 … $\frac{1}{2}$丁
長ねぎ … 5㎝
みそ … 大さじ2
バター(有塩) … 10g
水 … 300㎖

1 豆腐は粗く崩してキッチンペーパーの上にのせて水分を取る。長ねぎは1㎝厚さの斜め切りにする。

2 さばの水煮はざっくりほぐして汁ごと鍋に入れ、分量の水、白菜のさっぱりキムチ、1を加えて火にかける。長ねぎに火が通ったら、みそを溶き入れてバターを加える。

キャベツのさっぱりキムチで

まろやか豚玉キムチ

卵と一緒に炒めることで、まろやかな味わいに。辛いものが苦手な人でも食べやすくなります。

材料と作り方(2人分)

豚バラ肉(薄切り) … 150g
塩・酒 … 各小さじ$\frac{1}{2}$
玉ねぎ … $\frac{1}{4}$個
卵 … 2個
卵用:塩・砂糖 … 各ふたつまみ
キャベツのさっぱりキムチ(p.108)
　… 150g
しょうゆ … 小さじ1
ごま油 … 小さじ2

1 豚バラ肉は5〜6㎝長さに切り、塩と酒をもみ込む。玉ねぎは5㎜幅の縦切りにする。

2 卵は塩と砂糖を加えて軽く溶きほぐす。

3 フライパンにごま油を熱し、中火で豚バラ肉を炒める。肉の色が変わったら玉ねぎを加え、玉ねぎに透明感が出てきたらキャベツのさっぱりキムチとしょうゆを加えてなじむまで炒める。

4 2を回し入れて蓋をし、卵が半熟になったらひと混ぜして器に盛る。

切り干し大根のキムチ

切り干し大根のぽりぽりとした食感が楽しいキムチです。コチュジャンを使ったたれで和えるだけなので、すぐに食べられます。太めの切り干し大根で作っても。

こんな料理に使えます

納豆キムチ

納豆に好みの量の切り干し大根のキムチを混ぜ、納豆のたれかしょうゆをたらし、細ねぎの小口切りを添えて。

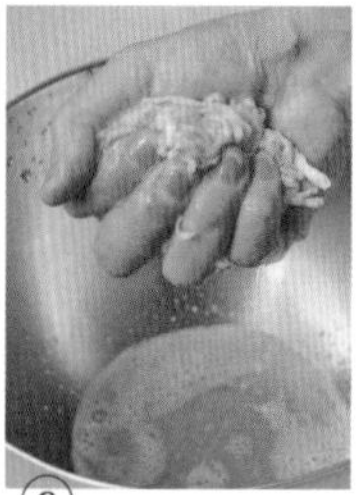
ⓐ

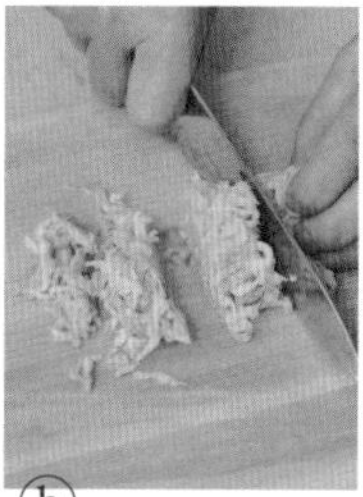
ⓑ

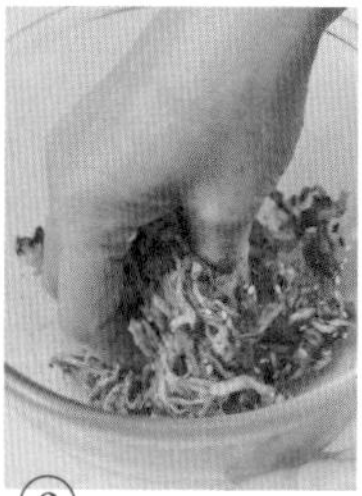
ⓒ

材料

切り干し大根 … 60g

🅐

- おろしにんにく … 小さじ$\frac{1}{2}$
- コチュジャン … 大さじ1
- しょうゆ … 大さじ1
- 砂糖 … 大さじ1
- 赤唐辛子粉* … 小さじ1
- 炒り白ごま … 小さじ1
- ごま油 … 大さじ1

＊辛さが控えめで甘みのある韓国産を使用。

漬け方

1 切り干し大根はさっと水洗いし、水気を軽く絞りⓐ、2〜3㎝幅に切るⓑ。

2 ボウルに🅐を入れて混ぜ合わせ、1を入れてしっかりもみ込んでなじませるⓒ。すぐに食べられる。その後は清潔な保存容器に入れて冷蔵庫へ。

賞味期間

2週間を目安に食べ切る。

ごはん泥棒のキムチ2種

長ねぎのキムチ

どちらもごはんが止まらなくなるおいしさ！　焼き肉や焼き魚にもよく合います。長ねぎは、冬に出回る甘みの強いもので作るのがおすすめです。

ⓐ

ⓑ

材料

長ねぎ … 2本(200g)
ナンプラー … 大さじ2
砂糖 … 大さじ1
Ⓐ
おろしにんにく … 小さじ1/2
しょうが(せん切り) … 1/2かけ分
炒り白ごま … 小さじ2
赤唐辛子粉* … 小さじ2
ごま油 … 小さじ2

＊辛さが控えめで甘みのある韓国産を使用。

漬け方

1　長ねぎは縦半分に切り、7〜8㎜厚さの斜め切りにする。

2　ボウルに**1**、ナンプラー、砂糖を入れて和え、しんなりするまで常温に10分ほどおく。

3　**Ⓐ**を加えⓐ、もんで全体になじませるⓑ。清潔な保存容器に入れて冷蔵庫でねかせる。当日から食べられるが、翌日以降のほうが味がなじんでおいしくなる。

賞味期間
10日を目安に食べ切る。

こんな料理に使えます

韓国風ねぎやっこ

豆腐に長ねぎのキムチをのせ、好みでしょうゆをかけるだけ。ビールのおつまみにもどうぞ。

えごまの葉のキムチ

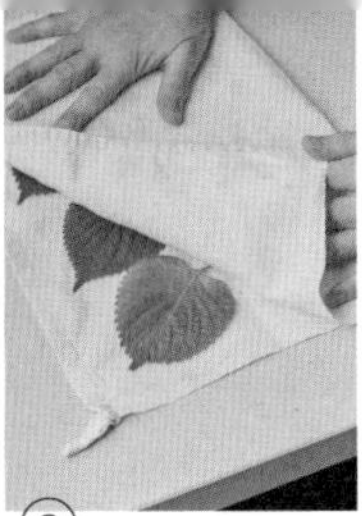
ⓐ

ⓑ

材料

えごまの葉…30枚

Ⓐ

- おろしにんにく…$\frac{1}{2}$かけ分
- おろししょうが…$\frac{1}{2}$かけ分
- 長ねぎ(みじん切り)…大さじ3(30g)
- しょうゆ…大さじ3
- 水…大さじ1と$\frac{1}{2}$
- ナンプラー…小さじ1と$\frac{1}{2}$
- 酒…大さじ1と$\frac{1}{2}$
- ごま油…小さじ2
- 砂糖…大さじ1と$\frac{1}{2}$
- 赤唐辛子粉*…小さじ2
- 炒り白ごま…小さじ2

＊辛さが控えめで甘みのある韓国産を使用。

漬け方

1 ボウルにⒶを入れて混ぜ合わせる。

2 えごまの葉はさっと水洗いし、キッチンペーパーで押さえて水気をしっかり取るⓐ。1枚ずつ1に両面を浸しⓑ、清潔な保存容器に入れていく。1枚入れるたびに1の長ねぎやごまをひとつまみずつのせて重ねていく。最後に1のボウルに残ったⒶをかける。

3 ラップで落とし蓋をしてから容器の蓋をし、冷蔵庫に入れて漬ける。当日から食べられるが、翌日以降のほうが味がなじんでおいしくなる。

賞味期間

1か月を目安に食べ切る。

こんな料理に使えます

ぴり辛えごまむすび

小さなおむすびを作り、えごまの葉のキムチで包むだけ。ひと口でぱくっといただきます。

花椒の痺れがくせになるジャンローポウは、風干しするのがおいしさの秘訣。きゅうりのにんにく漬けは、あっという間に胃袋へ消えるからたっぷり作って！

ジャンローポウ 中国風大根のしょうゆ漬け

きゅうりのにんにく漬け

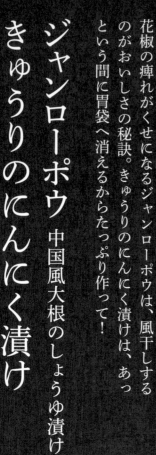

きゅうりのにんにく漬け

材料

きゅうり … 3本(300g)
にんにく … 1かけ
塩 … きゅうりの正味量の2%(6g)
砂糖 … 塩と同量
酢・ごま油 … 各小さじ1
炒り白ごま … 適量

漬け方

1 きゅうりは皮に浅い切り目を縦に4本入れⓐ、すりこぎなどで叩きⓑ、4～5等分の長さに切る。にんにくは粗みじん切りにする。

2 ポリ袋に**1**、塩、砂糖を入れて手でもみ込む。しんなりしたら、酢とごま油を加えてなじませる。すぐに食べてもいいし、冷蔵庫でねかせてから食べてもいい。食べる時にごまをふる。

賞味期間

4～5日を目安に食べ切る。

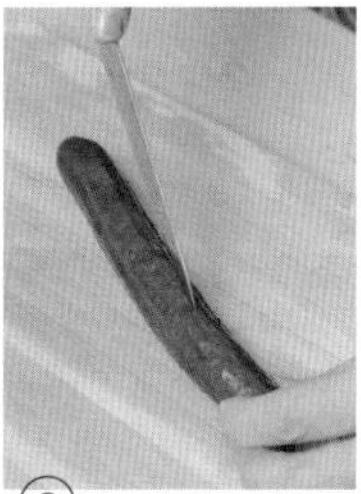
ⓐ

ⓑ

ジャンローポウ

中国風大根のしょうゆ漬け

材料

大根 … 1/3本(400g)

Ⓐ
しょうゆ … 大さじ3
紹興酒 … 大さじ1
日本酒 … 大さじ1
砂糖 … 大さじ2
にんにく(ざく切り) … 1/2かけ分
赤唐辛子(種を取り除く) … 1/2本
花椒 … 小さじ1

漬け方

1 大根は5㎝長さ、1.5㎝幅の拍子木切りにして盆ざるに並べⓐ、ひとまわり小さくなるまで風干しするⓑ。

2 ポリ袋に**Ⓐ**を入れて混ぜ合わせ、**1**を入れて全体にまぶす。空気を抜くようにして口を閉じ、味がなじむまで常温で1日漬ける。その後は冷蔵庫へ。2日目くらいから食べられる。

賞味期間

1か月を目安に食べ切る。

ⓐ

ⓑ

泡菜《パオツァイ》

塩水に漬けて乳酸発酵させるうまみたっぷりの泡菜は、そのまま食べてもおいしいし、炒めものなどの具材としても使えるすぐれもの。白菜やキャベツを入れても。

友人の中国みやげの泡菜専用容器。容器の上側に水をはってお碗型の蓋をすると、外気や微生物は入らず、泡菜が発酵して出たガスは蓋を押し上げて外に出る仕組みになっている。

材料

大根 … 1/3本(400g)
にんじん … 1/2本(80g)
きゅうり … 2本(200g)
しょうが … 1かけ(15g)
にんにく … 1かけ(10g)
花椒 … 小さじ1
焼酎 … 大さじ1
Ⓐ
水 … 1 ℓ
塩 … 水の3%(30g)
砂糖 … 水の1%(10g)
赤唐辛子 … 2本

漬け方

1 鍋にⒶを入れ、ひと煮立ちさせて塩と砂糖を溶かしⓐ、冷ます。

2 大根とにんじんは皮をむいて5cm長さ、1cm幅の拍子木切り、きゅうりは同じ長さの四〜六つ割りにする。しょうがとにんにくは薄切りにする。

3 清潔な保存容器に2、花椒、焼酎を入れて1を注ぎ入れるⓑ。

4 ラップで落とし蓋をして、容器の蓋を軽くのせ(密閉しない)、常温で漬ける。野菜から細かい泡が出始め(夏季なら2日目くらい、冬季なら4〜5日目以降)、漬け汁が濁って酸味が出てきたら食べ頃。その後は冷蔵庫へ。

賞味期間

1か月を目安に食べ切る。

ⓐ

ⓑ

Arrange

泡菜でもっとおいしく

豚肉と泡菜のコクうま炒め

豚肉の下味は泡菜の漬け汁をもみ込むだけ。いろいろな調味料を使わなくてもコクとうまみのある炒めものに。

材料と作り方（2人分）

豚肉（好みの部位の厚切り）… 150g
泡菜（p.118）… 200g
泡菜の漬け汁（p.118）… 大さじ1
片栗粉 … 小さじ1/2
油 … 大さじ1
ごま油 … 小さじ1

1 豚肉は泡菜の野菜と同じくらいの太さの拍子木切りにして、漬け汁と片栗粉をもみ込んで10分ほどおく。

2 泡菜の中からしょうがとにんにくを取り出してせん切りにする。残りの野菜はそのままの形で使う。

3 フライパンに油を熱し、1を炒める。肉に火が通ったら、2のにんにくとしょうがを加えてさっと炒め、残りの2を加えてさらに炒める。汁気が飛んだらごま油を回し入れてさっと混ぜる。

泡菜と豚しゃぶの酸冷麺

泡菜の漬け汁をスープ代わりに使ったさわやかな冷麺。泡菜は麺となじみやすいように細切りにします。

材料と作り方（2人分）

豚肉（好みの部位のしゃぶしゃぶ用）… 100g
泡菜（p.118）… 100g
中華細麺（生麺）… 2玉
パクチー … 適量

たれ

泡菜の漬け汁（p.118）… 180mℓ
しょうゆ … 大さじ1〜2
酢 … 大さじ1
砂糖 … 小さじ2
ごま油 … 大さじ1

1 豚肉はさっとゆでて火を通し、ざるにあげる。粗熱がとれたら3〜4等分の長さに切る。

2 泡菜は細切りにし、パクチーはざく切りにする。

3 たれの材料を混ぜ合わせて1を浸す（しょうゆの分量は泡菜の漬け汁を味見して加減する）。

4 中華麺を袋の表示よりやや長めにゆで、冷水で洗ってぬめりを取り、水気をしっかり切って器に盛る。

5 4に3の豚肉をのせてたれをかけ、2をのせる。よく混ぜて食べる。

辣白菜 ラーパーツァイ

甘酢漬けの白菜に、煙が立つまで熱した油をジュッ！　とかけて香ばしく仕上げます。赤唐辛子の辛みと花椒の痺れがあとを引くおいしさ。さっぱりしているから、サラダ感覚で食べられます。

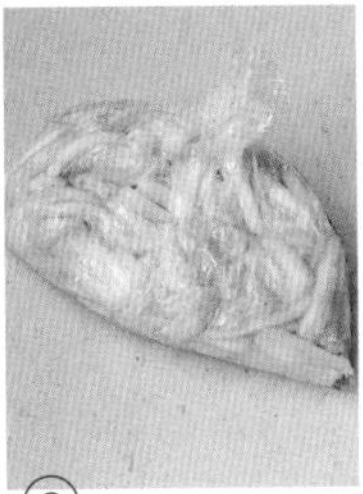
ⓐ

ⓑ

ⓒ

材料

白菜 … 1/4株(600g)
塩 … 白菜の正味量の2%(12g)

❹

酢 … 大さじ4
砂糖 … 大さじ2
しょうが(せん切り) … 1かけ分
赤唐辛子(小口切り) … 少々

❸

ごま油 … 大さじ1
油 … 大さじ1
花椒 … 小さじ1

漬け方

1 白菜は芯を切り落とし、芯に近いほうは横6〜7㎝幅に切り、縦1㎝幅に切る。葉はざく切りにする。水で洗ってざるにあげる。

2 ボウルに1と塩を入れ、混ぜて塩を全体にまわす。5分ほどおいてしんなりしたら、野菜の上下を返して塩をむらなくなじませる。

3 ポリ袋に入れて空気を抜くようにして口を閉じⓐ、重石をのせて水分が出るまで常温で1〜2時間漬ける。

4 数回に分けて、3の汁気をかたく絞り、ボウルに入れる。❹を加えⓑ、混ぜ合わせる。

5 フライパンに❸を入れて熱し、薄く煙が上がったら、4にジュッと回しかけるⓒ。むらなく混ぜて常温に1〜2時間おいて味をなじませる。当日から食べられる。その後は清潔な保存容器に移して冷蔵庫へ。

賞味期間

1週間を目安に食べ切る。

調味料になる小さなお漬けもの

調味料としてだけでなく、薬味にもなるお漬けもの。
どれもかんたんに作れて日持ちするから重宝します。

にんにくの酢漬け（左）

材料と作り方（作りやすい分量）

にんにく … 6かけ
酢 … 適量

にんにくは半割りにして芽を取り、薄切りにする。保存びんに入れ、酢をかぶるくらいに注ぐ。常温で1年ほど日持ちする。

＊漬かるにつれて、にんにくの刺激臭や酢のツンとした酸味のかどがとれてまろやかに。中華やエスニック料理の隠し味に。

青唐辛子みそ（上）

材料と作り方（作りやすい分量）

青唐辛子（ヘタを取る）… 30g
みそ … 60g
砂糖 … 10〜20g

青唐辛子は小口切りにする。みそに砂糖と青唐辛子を加えてよく混ぜる。冷蔵庫で2か月ほど日持ちする。

＊熱々ごはんにのせたり、焼いた肉に付けたり、マヨネーズと混ぜてディップにも。おみそ汁に加えると味のアクセントになります。

ゆず皮塩（下）

材料と作り方（作りやすい分量）

ゆずの皮 … 大1個分
塩 … ゆずの皮の正味量の30%

ゆずの皮は白いワタを削ぎ取り、せん切りにして塩をまぶす。塩がなじんだら保存びんに詰め、ラップで落とし蓋をしてからびんの蓋をする。冷蔵庫で3か月くらい日持ちする。

＊うどんなどのめん類やお吸いもの、お漬けものの仕上げ、和えもの、炒めものなどに。

しょうがのしょうゆ漬け（右）

材料と作り方（作りやすい分量）

しょうが（せん切り）… 40g
Ⓐ
しょうゆ … 大さじ4
酒 … 大さじ2
みりん … 大さじ2

耐熱保存びんにしょうがを入れ、ひと煮立ちさせたⒶを注ぎ入れて粗熱をとる。冷蔵庫で2か月ほど日持ちする。

＊漬け汁ごと、漬け汁だけ、どちらの使い方もOK。卵かけごはんやお刺身にかけたり、大根おろしと合わせて焼き肉のたれに。炒めものや和えものの味付けにも。

［お漬けもの作りに便利な道具］

大きなボウル

大きなボウル（直径28㎝くらい）があると、白菜やキャベツなど、かさがある野菜を洗ったり、塩をまんべんなくまぶす作業が楽にできます。

盆ざる

野菜を干すためにはボウル型の調理用のざるではなく、平らな盆ざるが適しています。径の大きなものなら食材を重ねることなく、たくさん干すことができます。

キッチンスケール

少し面倒でも、漬ける野菜や調味料をきちんと計量して作ることで、漬けものの味が決まりやすくなります。そのためには、0.1g単位ではかれるデジタルばかりが便利です。

計量スプーン

浅いものより、深いもののほうが正確に計量できます。素材はステンレス製がおすすめ。

計量カップ

容量200㎖（1カップ）と500㎖の両方があると便利です。

さらし

塩漬けした野菜の水分を絞ったり拭き取ったりするのに最適です。キッチンペーパーと違って破れず、洗えば何度でも使えます。使い始めはのりが付いていてかためですが、洗うにつれて、使い込むにつれて、やわらかくなって使いやすくなります。

ピンセット

清潔なステンレス製のピンセットを、漬けものを取り出す時の箸代わりに使っています。煮沸消毒やアルコール消毒がしやすいのが利点です。

耐熱ガラスの保存びん

漬けものの保存容器には、食材の匂いが付きづらく、熱や酸に強い耐熱ガラス製のびんやホーロー容器がおすすめです。特にガラス製のものは、蓋を開けなくても中身が確認できて便利です。

ポリ袋

食品用のポリ袋があると、野菜の下漬けや少量の漬けもの作りに便利です。袋の上からもみ込むことができ、空気を押し出すように口を閉じておけば、塩や漬け汁が少量でもむらなく全体にまわり、早く塩が浸透し、漬け上がりも早まります。また、ほとんどの食品用ポリ袋は耐熱性があります。漬け汁が熱くても、先に野菜が入っているところに加えれば、漬け汁の温度が下がるので問題ありません。

重石用のバットとペットボトル

同じ大きさのバットが2枚あると重石をかける時に便利です。1枚に漬けものを置き、その上にもう1枚のバットをのせて水が入ったペットボトルなど、安定感のあるものを重石としてのせます。

食品用アルコール

アルコール度数の高い（35度以上）ホワイトリカーや食品用アルコールがあると、調理器具や保存容器の消毒が手軽にできて便利です。

こてらみや

フードコーディネーター・料理家。

京都・祇園生まれ。子どもの頃より京料理やおばんざいに接して育つ。実家は西洋骨董店を営み、器やグラスをこよなく愛す。現在はレシピ制作からスタイリングまで、食の総合的なコーディネーターとして活躍中。CBCテレビ「キユーピー３分クッキング」の講師を2018年から担当。スパイスや香味野菜など香りを生かした料理、保存食、常備菜の著書多数。なかでも『魔法のびん詰め』（三笠書房）は10万部を超えるロングセラー。近著に『生姜屋さんとつくった　まいにち生姜レシピ』（池田書店）、『料理がたのしくなる料理』（アノニマ・スタジオ）、『レモンの料理とお菓子』（山と渓谷社）がある。

https://www.instagram.com/osarumonkey/

本の内容に関するお問い合わせは、
以下の問い合わせフォームにお寄せください。
https://x.gd/ydsUz

撮影　キッチンミノル
ブックデザイン　小橋太郎（Yep）
DTP協力　株式会社 明昌堂
校正　株式会社 円水社
調理助手　鈴木祥子
原稿整理　美濃越かおる
編集　川崎阿久里（世界文化社）

まいにち お漬けもの

発行日　２０２４年６月30日　初版第１刷発行
　　　　２０２４年８月10日　第２刷発行

著者　こてらみや
発行者　岸 達朗
発行　株式会社世界文化社
〒１０２-８１８７
東京都千代田区九段北４-２-２９
電話　編集部 ０３（３２６２）５１１８
　　　販売部 ０３（３２６２）５１１５
印刷・製本　株式会社リーブルテック

ISBN 978-4-418-24303-7
落丁・乱丁のある場合はお取り替えいたします。
定価はカバーに表示してあります。